中国（平谷）休闲大会资助
北京旅游发展研究基地标志性成果

中国休闲城市发展报告（2023）

Annual Report on Leisure
　City Development of China
　(2023)

吕　宁　张媚月　著

北京·旅游教育出版社

图书在版编目（CIP）数据

中国休闲城市发展报告. 2023 / 吕宁, 张媚月著.
北京 : 旅游教育出版社, 2024. 10. -- ISBN 978-7
-5637-4756-6

Ⅰ. F592.3

中国国家版本馆CIP数据核字第20242SK721号

中国休闲城市发展报告（2023）
ZHONGGUO XIUXIAN CHENGSHI FAZHAN BAOGAO
吕宁　张媚月　著

策　　划	刘彦会
责任编辑	何　玲
出版单位	旅游教育出版社
地　　址	北京市朝阳区定福庄南里1号
邮　　编	100024
发行电话	（010）65778403　65728372　65767462（传真）
本社网址	www.tepcb.com
E - mail	tepfx@163.com
排版单位	北京旅教文化传播有限公司
印刷单位	唐山玺诚印务有限公司
经销单位	新华书店
开　　本	787毫米×1092毫米　1/16
印　　张	11.25
字　　数	152千字
版　　次	2024年10月第1版
印　　次	2024年10月第1次印刷
定　　价	69.00元

（图书如有装订差错请与发行部联系）

前 言

2022年中国旅游业加速恢复的进程下，国民休闲时间较疫情前大幅提升，由在地休闲时代向休闲常态化时代过渡。在"露营""微度假""反向旅游"等旅游消费热点发展的同时，城市休闲功能的打造、休闲街区的建设及城市休闲化的发展需要与时俱进。2023年第五届中国（北京）休闲大会已于9月在北京平谷成功举行。在大会上，课题组延续2021年的研究成果，发布了2022年中国休闲城市休闲指数综合评价和中国休闲示范城市的研究成果，并在此基础上，形成本报告，对《中国休闲城市发展报告（2022）》进行延续和创新。中国城市休闲发展日新月异，城市休闲内容丰富多彩，尽管课题组已具备了扎实的研究基础，但在研究过程中仍然需要与时俱进，对报告进行完善和创新。

《中国休闲城市发展报告》是北京旅游发展研究基地标志性成果，报告对中国289个地级以上城市的休闲发展状况进行分析和评价，总结出中国当代休闲城市发展的新特征以及休闲城市的建设经验，并对我国休闲城市的发展趋势做出判断。基于近年来中国休闲城市的建设情况和中国休闲产业的发展趋势，《中国休闲城市发展报告（2023）》对休闲城市评价体系进行了更新，增添、删除了部分评价指标，调整了所有指标的权重，以期更加科学、更加全面、更加客观地评价城市的休闲发展水平。报告总体分为九个篇章，包括新时代休闲城市发展背景分析、评价体系的构建与更新、中国城市休闲指数排名、休闲城市区域发展特征、休闲城市发展对比分析、国家级休闲街区典型案例分析、夜间休闲典型案例分析、元宇宙旅游典型案例分析和中国城市休闲发展展望。

第一章是对休闲城市发展的经济、社会和政策环境的分析。2022年中国旅游业全力恢复,在提质、转型、升级、焕新中不断修复疫情带来的重创、迎接休闲消费新需求和市场新挑战。第二章对休闲城市评价体系的构建和更新进行解释说明。第三章对289个城市各个评价指标进行排名分析,并分析最佳休闲形象城市建设、最佳休闲环境城市建设、最佳休闲服务城市建设、最佳休闲经济城市建设、最佳休闲消费城市建设的总体特征和建设经验。第四章对休闲城市区域发展特征进行描述,根据东、中、西、东北地区的经济发展情况划分,对参评城市的排名分布进行比较分析,并对31个省级行政区的城市形象与美誉、休闲空间与环境、休闲设施与服务、休闲经济与产业、休闲生活与消费等发展特征进行分析。第五章是休闲城市发展对比分析,对31个省级行政区在2022年的排名发展变化与2021年进行对比分析,找出城市休闲发展排名下降的原因,并有针对性地给出提升建议。第六、七、八章是国家级休闲街区、夜间休闲、元宇宙旅游的典型案例分析,介绍国内今年新兴休闲案例的发展背景,分析其建设方案和特色亮点,为我国休闲城市的发展提供宝贵经验。第九章是中国城市休闲发展展望,通过分析2018—2023年休闲城市时空格局变化,城市休闲产业行情和居民休闲偏好的变化来探讨中国城市休闲发展趋势并提出提升建议。

在此要特别感谢高彩霞博士和徐玲玲、许鹤琳、王若男、刘东泽、肖小雪、庞博、李奇、孙梦田八位研究生对本书所做的数据收集、分析整理、案例研究等方面的工作;特别感谢中国(北京)休闲大会组委会的资助。

2024年2月1日于北京

吕　宁

目 录
CONTENTS

第一章　新时代休闲城市发展背景分析 ················· 1
　　一、经济环境分析 ································· 1
　　二、社会环境分析 ································· 3
　　三、政策环境分析 ································· 5

第二章　评价体系的构建与更新 ····················· 12
　　一、城市休闲指数的概念 ··························· 12
　　二、工作基础与价值再造 ··························· 12
　　三、指数评价体系的设计 ··························· 14
　　四、指标及权重解释说明 ··························· 19
　　五、指数计算方法与流程 ··························· 25

第三章　中国城市休闲指数排名 ····················· 27
　　一、休闲城市总体排名 ····························· 27
　　二、最佳休闲形象城市建设 ························· 31
　　三、最佳休闲环境城市建设 ························· 37
　　四、最佳休闲服务城市建设 ························· 43
　　五、最佳休闲经济城市建设 ························· 48

— 1 —

六、最佳休闲消费城市建设 ··· 54

第四章　休闲城市区域发展特征 ·· 61
　　一、总体特征分析 ·· 62
　　二、城市形象与美誉 ·· 66
　　三、休闲空间与环境 ·· 70
　　四、休闲设施与服务 ·· 74
　　五、休闲经济与产业 ·· 78
　　六、休闲生活与消费 ·· 83

第五章　休闲城市发展对比分析 ·· 88
　　一、休闲城市发展总指标对比分析 ······································ 88
　　二、休闲空间与环境指数对比分析 ······································ 93
　　三、休闲设施与服务指数对比分析 ······································ 97
　　四、休闲经济与产业指数对比分析 ····································· 100
　　五、休闲生活与消费指数对比分析 ····································· 104

第六章　国家级休闲街区典型案例分析 ··································· 109
　　一、江南佳丽地——南京市秦淮区夫子庙步行街 ························· 109
　　二、粤韵南音——广州市荔湾区永庆坊历史街区 ························· 114
　　三、快要慢活——成都远洋太古里 ····································· 120

第七章　夜间休闲典型案例分析 ··· 128
　　一、璀璨星城——长沙 ··· 129
　　二、不夜山城——重庆 ··· 135
　　三、魔幻夜都——上海 ··· 139

第八章　元宇宙旅游典型案例分析 ················· 145
　　一、江南"技"忆——杭州 ····················· 145
　　二、梦隐姑苏——苏州 ······················· 153
　　三、东方瑞士——青岛 ······················· 159

第九章　中国城市休闲发展展望 ··················· 165
　　一、发展变化 ···························· 165
　　二、发展趋势 ···························· 167
　　三、提升建议 ···························· 169

第一章　新时代休闲城市发展背景分析

一、经济环境分析

2022年，百年变局和世纪疫情交织叠加，地缘政治局势动荡不安，需求收缩、供给冲击、预期转弱三重压力持续演化，发展环境的复杂性、严峻性、不确定性上升，世界经济总体呈现"全球通胀、下行压力攀升"的特点。据国际货币基金组织（IMF）估算，2022年世界平均消费物价指数增长8.8%，与2021年4.7%的增长率相比，全球通胀率有了大幅度提升，达到21世纪以来全球最高通胀水平。除了中国的物价相对稳定外，世界主要经济体和各地区的通胀率均有明显提升。美国全年平均消费物价指数增长率约为8.1%，欧元区全年平均消费物价指数增长率约为8.3%，均达到近年来通胀率最高水平，并且发达经济体中物价最为稳定、一向处通货紧缩边缘的日本，10月的消费物价指数也已经上升至3.7%。全球通胀高位缓降，具有较强顽固性，发达经济体出台大规模刺激政策，全球投资消费和贸易进出口明显走弱，2023年世界经济面临较强下行压力。国际货币基金组织测算数据显示，2022全球GDP总量超过100万亿美元，增长率为4.05%，相较2021年大幅下降8.92个百分点，经济下行压力攀升。除了少数东南亚国家的经济增速仍有上升外，世界上绝大部分经济体的经济增速都出现较大幅度的回落。美国GDP增速从2021年的5.7%下降到2022年的1.6%，欧元区从5.2%下降到3.1%，全部发达经济体平均增速从5.2%下降到2.4%，新兴市场和发展中经济体的平均增速从6.6%下降到3.7%[1]。

在世界经济增速放缓、疫情多点散发、极端高温天气等多重因素的冲击下，

---

[1] World Economic Outlook Database：Major Advanced Economies（G7）[EB/OL].（2023-04-18）[2023-05-12]. https://www.imf.org/en/Publications/WEO/weo-database/2023/April.

国内经济增速虽有波动，但总体走势回稳向好，呈现出韧性强、潜力大、活力足的特点。2022年全年国内生产总值1 210 207亿元，比上年增长3%。其中，第一产业增加值88 345亿元，比上年增长4.1%；第二产业增加值483 164亿元，增长3.8%；第三产业增加值638 698亿元，增长2.3%。第一产业增加值占国内生产总值比重为7.3%，第二产业增加值比重为39.9%，第三产业增加值比重为52.8%[①]。固定资产投资是稳经济的一个重要抓手。2022年，资本形成总额对经济增长的贡献率达50.1%，固定资产投资规模突破57万亿元，比上年增长5.1%，增速比2021年加快0.2个百分点，分区域看，东部地区投资增长3.6%，中部地区投资增长8.9%，西部地区投资增长4.7%，东北地区投资增长1.2%。固定资产投资规模的稳定增长，使投资结构不断优化，为经济持续增长提供有力支撑。

随着疫情防控和经济社会运行得到高效统筹，复商复市稳步推进，各项助企纾困政策措施落地见效，服务业恢复步伐明显加快，发展动能稳步提升，企业景气平稳向好。其中，信息传输、软件和信息技术服务业全年增加值47 934亿元，增长9.1%；批发和零售业增加值114 518亿元，比上年增长0.9%，全年规模以上服务业企业营业收入比上年增长2.7%，利润总额增长8.5%，租赁和商务服务业增加值39 153亿元，增长3.4%。但受制于疫情多点散发、空间移动和特殊消费场景，交通运输、仓储和邮政业增加值49 674亿元，下降0.8%；住宿和餐饮业增加值17 855亿元，下降2.3%[②]。

2022年，国内疫情多点频发、持续不断，疫情防控政策力度加大，人们旅游出行受限，严重影响了旅游市场的正常经营与恢复。多家旅游上市公司发布业绩预亏公告，亏损成为2022年的主旋律。首先，2022年是三年以来旅游业受疫情影响最深、行业景气度最弱的一年，全年国内旅游市场整体疲软，同比下降及负增长为主基调：国内旅游总人次25.3亿，同比下降约两成；国内旅游收入2.04万亿元，同比下降30%，创疫情三年以来最低；人均每次旅游消费806.32元，比上年同期下降92.96元，降幅10.34%。其中城镇居民人均每次旅游消费876.56元，下降13.17%；农村居民人均旅游消费599元，下降2.37%。对比2019年至

[①] 国家统计局.中华人民共和国2022年国民经济和社会发展统计公报［R/OL］.（2023-02-28）［2023-05-12］.https://www.stats.gov.cn/sj/zxfb/202302/t20230228_1919011.html.

[②] 中华人民共和国文化和旅游部.2022年度国内旅游数据情况［R/OL］.（2023-01-18）［2023-05-12］.https://zwgk.mct.gov.cn/zfxxgkml/tjxx/202301/t20230118_938716.html.

2022年数据可知：2020年人均每次旅游消费金额大幅下降，2021年有所增长回温，2022年又小幅下滑。其次，全国经济下行、失业裁员现象频发，人们收入大幅下降，旅游消费支出缩减，国内旅游收入同比增速低于国内旅游人数同比增速，二者相差约8个百分点。国内旅游收入占全年GDP比重为1.69%，跌破2%，较2021年降低0.85%，为疫情三年来最低。未来，如何促进旅游业恢复发展是亟待解决的问题。

二、社会环境分析

（一）周末休闲日趋常态，户外休闲意愿强烈

作为日渐彰显的国民权利，休闲已成为人们日常生活的刚性需求。从休闲时间来看，随着国民生活品质的不断提高，城乡居民用于休闲的时间开始超过照看老人/孩子、陪孩子学习、家务劳动、看病就医等无偿劳动所花费的时间，休闲成为继生理活动、工作（有偿劳动或学习）之后的首要选择。2022年，城镇居民工作日、周末、节假日休闲时间较2019年均出现不同程度增长：周末增幅最大，成为城镇居民休闲的重要时段，节假日次之，日均休闲时间分别增加1.36小时、0.85小时。从全年来看，2022年城镇和农村居民的总休闲时长分别为1522.4小时和1511.1小时，比2019年分别增加289.3小时和365小时。

从休闲空间来看，依据中国旅游研究院发布的《中国休闲发展年度报告（2022—2023）》，与2019年相比，越来越多的城乡居民愿意走出家门，参与多元化户外休闲活动，相较于居家休闲，人们利用闲暇时间外出休闲的意愿更为强烈[①]。2022年以来，户外运动已成为越来越多人的休闲新选择，无论是惊险刺激的冲浪、滑雪、探洞、陆冲，还是放松身心的徒步、骑行、露营、飞盘，或是桨板瑜伽、迷你排球、路亚、溯溪等小众运动……"户外休闲"已被赋予了全新内涵——从小部分人的专业运动到人人皆愿参与的休闲新玩法，过去那些需长途跋涉、突破极限的户外运动，如今已进入"全民时代"。2022年7月，南都民调中心发布的《户外运动消费调查报告（2022）》也显示，2022年公众户外运动参

---

① 中国旅游研究院.中国休闲发展年度报告（2022—2023）[R/OL].（2022-12-13）[2023-05-12].
https://hct.henan.gov.cn/2022/12-13/2656194.html.

与度较高，69.32%的受访者平时经常参与户外运动，27.12%的受访者偶尔参与；超五成半受访者表示今年参与户外运动次数有所增加，超六成半受访者每周至少玩一次户外运动，超四成半受访者表示会养成户外运动的爱好，徒步、骑行、露营、登山等户外运动"飞入寻常百姓家"，成为2022年最热门休闲方式。

（二）游客出游半径缩短，文化休闲意识增强

与2019年相比，城乡居民休闲活动的近程化趋势日渐明显。近距离的出行、高频次的休闲，已成为疫情以来国民旅游休闲的显著特征。2022年，有86.19%的城镇居民、91.64%的农村居民、88.37%的退休人员选择在距家3千米范围内进行休闲活动。与城镇居民和退休居民相比，农村居民近地化休闲特征更为明显，其选择距家1千米内的受访者占比最高，达48.28%。1~3千米区域构成国民休闲活动的主体空间范围。城镇居民、农村居民、退休居民选择在1~3千米范围内进行休闲的受访者占比分别为63.79%、40.14%、41.31%。此外，在距家3千米以上空间范围内进行休闲的城乡居民占比随距离增加而递减。早市、早茶、电影、戏剧、夜市、广场舞、垂钓、露营、近郊游……皆可满足居民就地休闲的需求。

人们的文化休闲意识日益增强，消费购物占比增幅在收窄，城镇居民工作日文化休闲占比由2019年的15.11%增加至2022年的18.78%，节假日这一比重由16.92%提升至22.86%，增加了近6个百分点。2022年，选择看电影，参观博物馆、展览馆、科技馆、艺术馆、名人故居以及去书店、图书馆等文化休闲活动，占比14%~23%。从单项文化休闲活动偏好来看，城镇居民最喜欢看电影，尤其是工作日，该项活动占比达30.85%；随着闲暇时间增多，选择参观博物馆、展览馆、科技馆等文化场所的城镇居民有所增加。对于农村居民，选择听戏曲的受访者占比最高，为49.03%，而选择参观文化场馆、观看文艺演出等休闲活动的居民占比明显低于城镇居民。对于退休居民，其对书法、绘画、集邮等活动表现出更为明显的偏好意向，占比达12.88%，是城镇和农村居民相应占比的2~3倍。

（三）元宇宙赋能沉浸式，数字赋能文旅产业

元宇宙是与我们生活的物理世界平行存在的数字世界。随着数字化技术的不断发展，元宇宙将以越来越高的精确度模拟现实世界，使我们在数字领域拥有更具沉浸感、说服力和终极价值感的体验。

近两年，元宇宙概念爆火。促进元宇宙发展的政策层出不穷，布局元宇宙产业的企业更是数不胜数。随着人们追求高度沉浸式体验的不断升级，对生活娱乐体验、旅游体验、工作体验等相关体验产品的需求越来越高，普通的浅层次的体验产品已经无法满足人们的体验消费需求，经过多年的高速发展，市场需求面临较大的拓展瓶颈，产品形式和互动娱乐方式亟须升级迭代。而元宇宙概念的诞生，则是消费需求和市场需求共同作用的结果。

在众多产业当中，文旅作为一种强调感官体验的产业，跟元宇宙沉浸式、临场感的特性十分契合。对于整个沉浸式文旅来说，元宇宙所形成的具有高度沉浸感的科技手段和营造手法，能够为文旅企业提供更加专业的技术支持和创意方向。据此，在数字技术加持下，以"旅游体验+文化创意+数字科技"三者融合为核心的新产品、新业态、新场景快速涌现，4D影院、多媒体、球幕、VR等各类旅游娱乐体验产品的升级、蜕变，极大地促进和丰富沉浸式文旅产品业态内容。在国内，2022年10月全球首个景区元宇宙平台"张家界星球"测试版在张家界武陵源发布，其通过XR融合互动等技术还原武陵源景区的万千奇峰，为用户带来沉浸式的视觉体验。新华社新媒体中心、天下秀共同发布的"云游中国"，从行、游、娱、购四大方面，为中国的文旅景区打造出沉浸式景区游览、虚拟演出、云端文化活动等数字文旅体验。"元宇宙+艺术展览""元宇宙+沉浸式乐园""元宇宙+大型演艺秀"，整个社会将朝着数字化和虚拟化方向加速迈进，元宇宙将距离我们的生活越来越近。

三、政策环境分析

（一）《国民旅游休闲发展纲要（2022—2030年）》

2022年7月国家发展和改革委员会同文化和旅游部联合印发《国民旅游休闲发展纲要（2022—2030年）》（以下简称《纲要》）。《纲要》在继承2013年《国民旅游休闲发展纲要（2013—2020年）》的基础上，针对新时代的特征与需求进行了更新，具体阐述了未来八年旅游休闲领域的发展导向，细化了实现目标的实施路径，并且突出了若干核心发展重点，为新时期旅游休闲产业的转型升级与高质量发展提供了清晰蓝图，对提振旅游休闲消费信心无疑是重大利好。新时代我国发展动能和发展模式深刻转变,大众旅游时代和休闲社会来临,旅游经济、休闲经济成为拉动经济、带动就业、创造人民美好生活的重要引擎。新冠疫情的多点频繁暴发给旅游业发展带来了全方位的巨大冲击,许多旅游企业资金链紧张、员工流失、经营压力巨大。针对新时代新需求,《纲要》提出了部署培育现代休闲观念、保障旅游休闲时间、优化旅游休闲空间、丰富优质产品供给、完善旅游休闲设施、发展现代休闲业态、提升旅游休闲体验、推进产品创新升级、持续深化行业改革、不断加强国际交流10项重点任务,包括优化全国年节和法定节假日时间分布格局、规划建设环城市休闲度假带、以社区为中心打造休闲生活圈、完善休闲服务设施、发展新兴休闲业态、实施旅游休闲高品质服务行动、开发数字化文旅消费新场景等系列举措。《纲要》继承并发展《国民旅游休闲发展纲要(2013—2020年)》,紧贴当下休闲经济发展的实际情况与未来旅游产业转型创新的现实需要,充分考虑经济社会发展结构、社会消费模式、科技发展水平等因素的更新迭代,表现出时代性、针对性、系统性三个特征。

在疫情冲击和传统旅游发展模式弊端凸显的时代背景下,《纲要》指明了发展现代休闲业态的目标和路径。第一,将旅游休闲时间摆在突出地位进行探讨,强调要保证、调整和优化后疫情时代国民休闲旅游时间。空闲时间是旅游活动和旅游消费的基础,也是旅游作为幸福产业、旅游活动作为美好生活重要环节的必备要素,旅游活动和旅游消费的实现首先要以旅游休闲时间的自主、充分为前提。假期时间较短、带薪休假制度不普及不健全、假期安排自主性欠缺、法定节假日旅游景区人山人海等现象都成为当下阻滞旅游产业健康发展和公民参与旅游活动的重要因素。《纲要》从"带薪休假制度""法定节假日调整""调休政策调整"等多方面强化公民假期的灵活性与自主性,使人们对假期有更多样丰富和自主的安排,在疫情的大背景下提振旅游市场和旅游消费信心,激活游客旅游消费潜力,更有利于解决当下"扎堆出游"的现实问题,推进旅游服务质量的提升。

第二,强调旅游环境、旅游基础设施、旅游服务质量。环境要素、设施要素和服务要素全方位涵盖了食、宿、行、游、娱、购六要素,是旅游产业发展的基础,也是不论时代如何发展,市场如何变化,科技如何发达,都必须做好的关键领域。为给大众旅游休闲活动创造便利条件,促进国民旅游休闲扩大规模、提升品质,促进社会和谐,提高国民生活质量和幸福感,《纲要》提出了"加强旅游便捷化设施建设，建设旅游咨询公共网站；加强突发事件应急处置能力建设，保障旅游休闲的安全；加强人才队伍建设，不断提高管理和服务水平"等具体公共基础设施建设途径。在休闲产品开发与活动组织方面，《纲要》提倡多样化产品开发，强调"鼓励开发适应不同人群需要的、多元化的旅游休闲产品，组织丰富多彩的旅游休闲活动"。《纲要》对环境、设施与服务的重视体现了国家在做好产业积累、扎实基础工程，优化基本功能基础上推进旅游分层级、高质量、多层次发展的正确思路。

第三，《纲要》重点关注旅游休闲观念、旅游休闲体验、旅游行业改革和旅游国际交流。现阶段，旅游产业已经基本度过了"大兴土木搞基建"的历史阶段，基础设施和配套服务已经基本健全，如何激发文旅设施的生产力与创造力，发展现代化休闲产业成为《纲要》的新目标。《国民旅游休闲发展纲要（2013—2020年）》实施以来，我国旅游休闲内容持续拓展延伸，人民群众休闲观念发生改变，休闲业态多元化发展。后疫情时代，文旅消费升级，呈现出消费大众化、常态化，需求特色化、体验化，产品多元化、功能融合化的新格局，数字化转型不断拓展文旅行业的深度和广度，强劲的需求极大促进了旅游市场供给侧产品的更新迭代。《纲要》从业态、产品、体验等方面助推文旅产业转型发展，紧紧贴合当下旅游业供给端和消费需求的实际情况实事求是，因时而动，体现了《纲要》紧追时代，服务实践的生命力。

（二）相关政策文件

1. 文旅纾困，促进行业恢复发展

作为接触性、聚集性、流动性较强的行业，旅游业近年承受巨大压力。党中央、国务院高度重视困难行业纾困发展工作，出台一系列纾困帮扶政策措施。2022年休闲领域纾困类政策文件及事件见表1-1。

表1-1　2022年休闲领域纾困类政策文件及事件

时间	部门	政策	主要内容
2月18日	国家发展改革委、财政部、文化和旅游部等14部门	《关于促进服务业领域困难行业恢复发展的若干政策》	聚焦旅行社旅游服务质量保证金扶持；对旅游企业阶段性实施缓缴失业保险与工伤保险费政策；对重点文化和旅游市场主体加大信贷投入，适当提高贷款额度；鼓励银行业金融机构合理增加旅游业有效信贷供给等

续表

时间	部门	政策	主要内容
3月30日	文化和旅游部办公厅	《关于抓好促进旅游业恢复发展纾困扶持政策贯彻落实工作的通知》	针对普惠性减税降费政策、普惠金融政策在旅游行业的落实,用好旅游服务质量保证金扶持政策、加快推进保险替代保证金试点工作等
4月11日	文化和旅游部办公厅	《关于进一步调整暂退旅游服务质量保证金相关政策的通知》	针对不同的旅行社企业单位,给出具体的旅游服务质量保证金的暂退政策
7月21日	中国人民银行、文化和旅游部	《关于金融支持文化和旅游行业恢复发展的通知》	指出加大对文化旅游行业的金融支持力度、提供差异化金融服务、完善文化和旅游企业的信贷供给体系、进一步拓宽文化和旅游企业的融资渠道、改善对文化和旅游行业从业人员的就业和征信服务等措施

数据来源：中国政府网、文化和旅游部、国家发展改革委

从政策涉及方向看,主要分为三个层面:"退、减、免"的税收政策、"降、贴、贷"的金融政策、"稳、补、缓"的就业政策。国家发展改革委等14个部门印发《关于促进服务业领域困难行业恢复发展的若干政策》,发挥财税、金融、产业、就业以及精准疫情防控政策的协调效应,将"六税两费"的减免覆盖范围由增值税小规模纳税人扩大至小型微利企业和个体工商户,政策的覆盖面更广,缓解企业资金困难,保证企业的可持续性,有助于服务业恢复经营。文旅产业要复苏,文旅企业要发展,关键靠金融支持,文化和旅游部门联合中国人民银行发布的《关于金融支持文化和旅游行业恢复发展的通知》,旨在通过加强政银企合作、增加数据共享等方式,加大特殊困难行业信用贷款支持力度,并精准聚焦到所要支持的具体企业,降低企业融资成本,解决企业资金困难,满足服务业特殊困难行业恢复发展过程中的资金需求,将提振文旅企业在危机中开新局的信心,保障文旅企业生存,加快推进项目建设。

2. 防控优化,谋求行业有序复产

受新冠疫情多点散发和局地小范围暴发的影响,我国旅游行业继续承受较大压力,弹性出游需求收缩,行业的复苏有赖于疫情防控和统筹发展两个大局,为此文化和旅游部依据国家防疫政策的调整变化及时优化出台针对文旅行业、文旅企业的具体防控措施与指南,旨在快速有效推进行业的有序复工复产进程。2022

年休闲领域防控类政策文件及事件见表1-2。

表1-2 2022年休闲领域防控类政策文件及事件

时间	部门	政策	主要内容
7月7日	文化和旅游部办公厅	《关于将旅游专列业务纳入跨省旅游"熔断"机制统一管理的通知》	指出恢复旅行社和在线旅游企业经营旅游专列业务;将旅游专列业务纳入跨省旅游"熔断"机制统一管理
11月15日	文化和旅游部	《关于进一步优化新冠肺炎疫情防控措施 科学精准做好文化和旅游行业防控工作的通知》	优化防控措施中提出"跨省旅游经营活动不再与风险区实施联动管理"、继续暂停旅行社和在线旅游企业经营出入境团队旅游及"机票+酒店"业务等
11月17日	文化和旅游部资源开发司	关于印发《旅游景区疫情防控措施指南》(2022年11月修订版)的通知	指南共涉及5个方面:景区开放总要求(常态、精准、科学)、景区员工健康监测和管理、做好景区公共卫生和场所防控、强化景区游览管理、强化组织保障和应急处置
11月18日	文化和旅游部市场管理司	关于印发《旅行社新冠肺炎疫情防控工作指南(第五版)》的通知	指出"常态防控和精准防控"的总原则,要求旅行社管理要加强风险研判、控制组团规模、配备防护用品等,在行程进行中,具体落实防控措施,企业内部要做好员工监测
12月9日	文化和旅游部资源开发司	《旅游景区疫情防控措施指南》(2022年12月修订版)	相较11月版,差异主要体现在:景区游览管理不要求对人员进行体温检测、查验健康码和24小时核酸报告等;发现疑似病症不再强制隔离,根据政府要求处置
12月9日	文化和旅游部市场管理司	《旅行社新冠肺炎疫情防控工作指南(第六版)》	相较第五版,取消行前排查、跨省人员落地检、对到访游客的核酸阴性检查和体温检测,调整应急预案

数据来源:文化和旅游部

从防控政策的优化调整方向看,整体由严控逐渐过渡到疏松、放开,由以疫情防控为主逐渐优化为"更好统筹疫情防控与社会经济发展"。从防控主体与内容角度分析,主要涉及景区、旅行社、互联网上网服务营业场所、剧院演出场所、娱乐场所、剧本娱乐经营场所以及公共图书馆、文化馆(站)。并且通知强调广泛应用数字化技术打造智慧景区平台,将有助于科学管理、精准分析目标客群进而优化景区产品和业态的开发设计。

3. 规划引领,锚定行业新风向

规划文件、指导意见、行动计划等都是引领行业未来发展的重要指南,标志着行业未来一个时期内发展的重点、发展新方向。2022年休闲领域规划及发展意见类政策文件及事件见表1-3。

表1-3　2022年休闲领域规划及发展意见类政策文件及事件

时间	部门	政策	主要内容
1月20日	国务院	《"十四五"旅游业发展规划》	规划在总结"十三五"发展成就和分析面临的机遇挑战基础上，提出坚持创新驱动发展、构建科学保护利用体系、完善旅游产品供给体系等七个重点任务，到2025年实现旅游业发展水平不断提升、现代旅游业体系更加健全等发展目标
1月29日	文化和旅游部、国家发展改革委、国家体育总局	关于印发《京张体育文化旅游带建设规划》的通知	全面对接京津冀协同发展等重大国家战略，推动奥运场馆综合利用和低碳运行，推动体育文化旅游融合发展
5月11日	文化和旅游部、国家发展改革委、重庆市人民政府、四川省人民政府	关于印发《巴蜀文化旅游走廊建设规划》的通知	包括规划背景、总体要求、空间布局、巴蜀文化传承保护利用体系等八章内容，是当前和今后一个时期指导巴蜀文化走廊建设的纲领性文件
10月25日	国家体育总局、国家发展改革委、工业和信息化部、文化和旅游部等8个部门	《户外运动产业发展规划（2022—2025）》	在分析户外运动产业发展面临的问题与严峻形势基础上，对未来四年户外运动产业发展进行战略部署，规划的出台将有利于引导户外运动产业高质量发展，促进体育强国建设
10月28日	文化和旅游部、工业和信息化部、教育部、国家广播电视台	《虚拟现实与行业应用融合发展行动计划（2022—2026）》	指出重点任务包括推进关键技术融合创新、提升全产业链条供给能力、加速多行业多场景应用落地、加强产业公共服务平台建设和构建融合应用标准体系，有利于提升我国虚拟现实产业核心技术创新能力、激发产业服务体系创新活力
11月21日	文化和旅游部、中央文明办、国家发展改革委等14部门	关于印发《关于推动露营旅游休闲健康有序发展的指导意见》的通知	该意见主要涉及指导思想、基本原则、重点任务和保障措施。旨在顺应人民群众旅游休闲消费体验新需求，扩大优质供给，保障露营休闲安全，推动露营旅游休闲健康有序发展
11月22日	文化和旅游部、国家文物局	《支持贵州文化和旅游高质量发展的实施方案》	强调主要任务体现在弘扬长征精神和革命文化、加强文化遗产保护利用、推动文化产业和旅游产业数字化发展、打造"山地公园省 多彩贵州风"旅游品牌等

数据来源：文化和旅游部、国家发展改革委、国家体育总局、国家文物局、国务院办公厅

从文件涉及的细分内容与领域看，主要聚焦体育旅游、户外运动、露营、虚拟现实、文化旅游等方面，预示着未来这些行业细分领域将蕴藏着巨大的发展机遇与潜能。在北京冬奥会、冰雪出境旅游回流、旅游消费升级以及冰雪设施全国布局等供需两方面刺激下，冰雪旅游"向内而生"，"三亿人上冰雪"从愿景变为现实，为推动奥运场馆综合利用和低碳运行，推动体育文化旅游融合发展，文化和旅游部联合国家发展改革委印发《京张体育文化旅游带规划建设》为游客出行提供权威指导，满足广大游客冰雪消费需求，充分领略京张文化风采，持续推动奥运场馆赛后利用。在线旅游、虚拟现实技术的应用逐渐发展成为热点。虚拟现实技术在文旅行业的运用主要在于加速多场景应用落地，具体表现为实施文化旅游领域"VR/AR沉浸式旅游体验"工程，推动景区、度假区、街区等开发交互式沉浸式数字化体验产品，发展沉浸式互动体验、虚拟展示、智慧导览等新型旅游服务。露营作为一种短时、近郊的休闲方式，疫情期间受到消费者追捧。为顺应人民群众旅游休闲消费体验新需求，扩大优质供给，保障露营休闲安全，推动露营旅游休闲健康有序发展，文化和旅游部联合中央文明办等14个部门出台专项指导意见，该意见为露营产业的规范化、科学化、有序化发展提供行动指南。

疫情防控是文化旅游产业发展的主旋律和基本前提。伴随着旅游经济的大幅下滑，文旅企业发展停滞不前，跨省旅游"熔断"、旅游景区关停闭园及旅游目的地静态管理等问题日益严重，经历了疫情的冲击和国内旅游市场整体疲软，文旅产业更具发展韧性，涌现出诸如精致露营、沉浸式戏剧、景区数字藏品、云旅游、旅游直播等新业态、新产品、新物种。同时，国家、各省市、各部门从金融信贷、税收优惠、费用减免、行业补贴、人才培训等多个层面为文旅企业"排忧解难""有效输血""修复造血"，政策托举助力行业恢复发展，提振休闲旅游消费信心。

第二章 评价体系的构建与更新

一、城市休闲指数的概念

成为休闲城市不一定是每个城市休闲发展的目的，但城市休闲发展一定是为了谋求城市可持续发展，并为城市中的每个人创造更美好的生活环境，建设和培育宜居和谐、人文丰富、环保健康、特色时尚的城市氛围。休闲城市评价和参与城市休闲的主体都是人，因此，在评价过程中，始终要充满人文关怀，将居民的积极的休闲需求作为最重要的评价指向。所以，无论是理解城市休闲指数内涵，构建城市休闲评价指标体系，还是进行休闲城市评价，都不能像做通常意义上的城市竞争力衡量一样，过度重视城市经济发展的优劣程度，而是要做出一个有综合性的判断，强调人与人、人与社会、人与自然的和谐相处，能反映城市社会经济、城市基础设施、城市休闲系统、城市生态保护、城市人文风貌、城市公共管理等发展水平。

休闲城市评价体系的构建基础是城市休闲指数（City Leisure Index），故而正确理解城市休闲指数的概念非常重要。城市休闲指数是一种定量指标，它是对城市的休闲功能发展状况的综合性测算，是对不能直接相加的城市休闲化程度方面的复杂现象在数量上综合变动情况的相对数据综合测评的反映。通过城市休闲指数，能准确深刻地反映一个城市的休闲系统发育情况和发展潜力。

二、工作基础与价值再造

（一）成果回顾

受北京哲学社会科学规划项目"北京市休闲产业吸引力测度及制度建设研究

2017年（54001/003）"和中国（平谷）休闲大会组委会的支持，《中国休闲城市发展报告》（以下简称《报告》）自2018年问世以来已连续出版5年，在业内形成广泛影响，并得到读者一致好评。系列《报告》受到了2020北京·平谷世界休闲大会、2021中国休闲度假大会、2023第五届中国（北京）休闲大会、《新疆日报》等平台与媒体的关注报道，为助推城市休闲化进程、提质休闲城市发展水平提供了科学参考和理论支撑。

（二）经验总结

与此同时，课题组负责人吕宁教授近年来多次接受人民网、新华财经、《中国旅游报》、《经济日报》、《中国城市报》、《人民政协报》等媒体的采访，结合"乡村旅游""冰雪旅游""户外露营""反向旅游"等产业前沿热点话题，分享其对于休闲、休闲产业与休闲城市的看法见解。通过多年的积累，研究工作持续完善，理论体系不断丰富，研究基础越发扎实，社会影响稳步提升。

在此次工作全面开展前，吕宁教授在休闲领域的研究已硕果累累，她先后主持和参与了多项国家级和省部级的休闲与旅游方面的课题，主持和参与起草了多个休闲标准，同时参与了多个地方与旅游、休闲相关的规划，在核心期刊上发表了多篇休闲研究论文，参与了多部休闲著作的编写。其出版的著作《中国城市休闲和休闲城市发展研究》为本研究的开展勾画了顶层设计，明确了推进路径，提供了有力支撑，指导着课题组更深入地挖掘城市休闲的内涵并更客观地评价休闲城市竞争力。

中国城市休闲指数评价的原始数据全部来源于最新版《中国城市统计年鉴》、各省市统计年鉴及国民经济统计公报、各省市统计网站、各省市文化旅游等部门官方网站、各省市专业型报表等公布的及时统计信息，确保所计算的数据准确无误和研究结果的科学性。城市休闲指数所涵盖的城市范围以《中国城市统计年鉴》为主，选取了4个直辖市、15个副省级城市和270个地级以上城市的数据，因此，能全面地展现城市间休闲发展竞争力。

同时，课题组也在积极汲取休闲领域其他学者的成果精华，包括魏小安、张凌云、吴必虎、楼嘉军等，这主要体现在课题组在设置指标时，认真考究了名称设定和所包含的内容。此外，其他研究者的成果也为课题组带来了很多帮助，如基于休闲业对城市经济的推动作用探讨、中日新韩城市休闲化发展质量评价研究、关于休闲问题的哲学分析、城市文化和城市休闲功能的定位等内容，这使得课题组看问题的视角更多元化，而不仅局限于自己所处的领域。近年来，中国城市休闲发展发生了巨大的变化，尽管课题组已具备了扎实的研究基础，但仍然需要在研究过程中不断增加一些与时俱进的内容，同时悉心请教多位休闲领域专家，力求让这份研究报告更有权威性和前瞻性。

（三）价值再造

进入新时代以来，我国城镇化水平不断提升，城市建设日新月异，城市功能不断完善，城市品质稳步提升，城市发展阔步前进。城市，作为一个复杂的社会生态系统，其建设与发展是一个值得重视的大课题。城市休闲化，牵涉城市产业结构、生态环境、文化氛围等多个方面，是城市各个系统的多维统一。令人欣喜的是，在创新、协调、绿色、开放、共享的新发展理念的引领下，我国各级各类城市的休闲化发展和休闲功能打造在过去数年间获得了瞩目的成绩，取得了长足的进步。社会休闲氛围更加浓厚，城市休闲功能更加凸显，居民休闲选择更加多元……休闲功能的打造与完善成为城市发展过程中必不可少的一环，休闲活动成为广大市民朋友日常生活中不可或缺的部分。休闲与城市，二者之间关系越发紧密。

需要注意的是，近年来，在新冠疫情常态化防控、经济发展进入新常态、科学技术发展等因素影响下，人们的休闲需求和消费习惯已经发生较大改变，休闲产业出现诸多新发展趋势，对城市休闲化建设提出了更高的要求。课题组总结过往经验，应休闲产业和城市休闲化的变化趋势，及时更新完善休闲城市评价指标体系，旨在与时俱进，科学把握休闲产业、休闲城市的动向，体现了评价指标体系的科学性、保证了评价结果的可信性，为我国众多城市的休闲化建设提供对比和参照。

三、指数评价体系的设计

（一）理论框架

中国休闲城市发展综合评价（城市休闲指数），以城市休闲系统理论为基础，依据其理论框架开展体系构建、指标选取、综合评价等工作。城市休闲系统是以人为核心的城市休闲要素在空间、结构所进行的组织与整合的复合系统，在以城市居民为主的人的活动支配下，城市休闲系统的结构特征，可以概括为一个核心、四大体系：以人的休闲需要为核心，以城市景观结构体系、休闲空间结构体系、休闲产业结构体系和公共服务与管理体系共同支撑构建完整理论框架（见图2-1）。

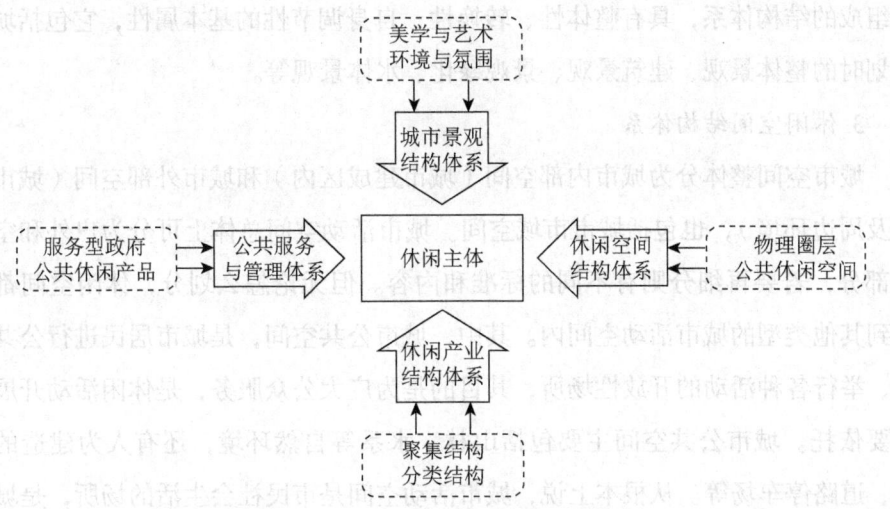

图2-1 城市休闲系统理论框架示意图

1. 休闲主体

现代城市是复杂的社会经济系统，人是城市得以运行的根本，也是城市休闲系统的主体。本文对城市休闲主体的研究，主要是从其对城市功能的需要、休闲时间的分配、休闲的行为和方式来研究，以便更有针对性地解剖系统内部构造，为休闲城市的建设和指标体系的搭建构造理论基础。

2. 城市景观结构体系

城市景观结构体系是城市进行休闲规划最重要的内容，它所体现的规划理念、设计理念不仅包含对美学和艺术的要求，更重要的是反映了城市的本质，表征着人类文明的存在和人类需要的演进。它从情景规划和体验设计的角度，充分调动人的眼、耳、鼻、舌、身、心、神等感觉器官，以此达到城市休闲环境和休闲氛围的营造。城市景观涉及的内容很广，包括城市的实体和空间处理，城市的整体轮廓线，城市与自然因素的结合部分等。从城市尺度的大规模区块到小尺度小品雕塑等，都属于城市景观的范畴。对城市景观的艺术追求与人们的生活方式、生活观念密切相关，人们的休闲需要和城市休闲化的过程是城市休闲景观建设的根本，而人在休闲中所表现出的审美情趣、创造能力是对城市景观追求的动力源泉。

城市景观结构是由城市景观对象与物质及人文环境在一定的有机关系的基础上组成的结构体系，具有整体性、转换性、自身调节性的基本属性，它包括城市规划时的整体景观、建筑景观、景观绿化、水体景观等。

3. 休闲空间结构体系

城市空间整体分为城市内部空间（城市建成区内）和城市外部空间（城市腹地及周边环境），也包括城市市域空间。城市活动空间总体上可分为户外和室内两部分，若要再细分则有不同的标准和内容。但无论怎么划分，休闲空间都渗透到其他类型的城市活动空间内。其中，城市公共空间，是城市居民进行公共交往、举行各种活动的开放性场所，其目的是为广大公众服务，是休闲活动开展的重要依托。城市公共空间主要包括山林、水系等自然环境，还有人为建造的公园、道路停车场等。从根本上说，城市活动空间是市民社会生活的场所，是城市实质环境的精华、多元文化的载体和独特魅力的源泉，其建设的整体质量直接影响到城市的综合竞争力和大众的满意度。

城市休闲系统的空间具有层次性的特点，它以城市居民的住地为中心，形成一个物理圈层，包括家庭休闲、城区休闲、环城市休闲、异地休闲和虚拟休闲。其中贯穿始终的是公共休闲空间，城市的开放性与包容性不仅体现在空间布局和功能分区上，公共空间的最大化、景观化是以人为本的人的行为活动与城市形体环境关系的体现。

4. 休闲产业结构体系

休闲是一种复合型的产业，需要用新的产业观来对应。从广义上讲，凡是能满足人们休闲需要的部门集合都属于休闲产业范畴。从狭义上讲，休闲产业是指那些为直接满足人们休闲需要而提供各种休闲设施和服务的企业与机构的集合。本报告以后者为主要研究对象，一方面由于该定义能更好地体现休闲中人的主体性价值，突出为城市居民和外来游客服务的产业类型；另一方面从数量和集中度来看，狭义的休闲产业涉及的部门和领域更为集中，可提供的服务和产品更为鲜明，居民和游客的满意度评价更容易体现，能够更好地为后文评价体系的指标筛选奠定数据获取渠道基础。

需要特别说明的是，城市休闲系统的产业结构分为休闲产业的分布结构和休闲产业的聚集结构。

5. 公共服务与管理体系

城市中的休闲供给，特别是以产业形式出现的供给体系，绝大部分是以营利性质出现的商业机构，但城市休闲的很大一部分设施和产品，是需要地方政府通过公益性投入实施的，尤其是在公共休闲设施、休闲环境的营造和城市整体休闲空间、休闲景观的设计与培育上，政府的职能越发重要。因此，城市休闲的公共管理与服务正是新时期城市居民对地方政府提出的新要求。通过对城市居民休闲需要的了解，政府提供休闲在物质、精神、制度和具体服务等方面要求实现的必需保障，是城市政府必须关注的新问题。建立服务型政府为公民在休闲的城市中提供生存与发展的良好条件，为市场主体提供公平竞争的市场环境。而完善休闲公共服务体系，则要求政府着力解决人民群众迅速增长的休闲需要与公共休闲产品和服务供给不足之间的矛盾，把更多的财力集中到城市公共休闲设施与产品的建设上，着力促进休闲教育、休闲环境、休闲文化等社会事业的健康发展，用更先进的休闲理念建立休闲的公共服务质量规范与体系，实现城市休闲公共服务的均等化。

（二）模型设计

城市休闲指数评价体系以城市休闲系统理论"一个核心，四大体系"的核心思想为指引，尝试建立一种科学、适用的评估方法。在遵循指标体系构建基本原则的基础上，进行评价体系的模型设计。首先分析概括城市景观结构体系、休闲空间结构体系、休闲产业结构体系、公共服务与管理体系所对应的要素特征，确定评价休闲城市发展水平所需要包含的要素，初步选取适合表征各评价要素的统计指标。然后归纳各类要素所共有的价值属性，合并同类项，组成新的领域范畴，进行专家咨询论证，适度调整。最后结合数据的可获取性，确定具体的评价指标构成（如图 2-2 所示），构建出具有普适性、能切实反映城市休闲发展水平的评价模型。

最终确定的评价模型，是一个分为 3 个层次的指标体系，包含城市形象与美誉、休闲空间与环境、休闲设施与服务、休闲经济与产业、休闲生活与消费 5 个二级指标，33个三级指标。其中：

第一层次，目标层（A）：城市休闲指数。

第二层次，领域层（B）：包括城市形象与美誉、休闲空间与环境、休闲设施与服务、休闲经济与产业、休闲生活与消费，共5个领域范畴。

第三层次，指标层（C）：本层次由33个能够直接被测量的具体指标组成。

这份中国城市休闲指数综合评价体系，是建立一个科学、适用的评估方法，通过衡量全国289个地级以上城市的休闲功能，树立休闲城市的示范品牌，促进城市休闲产品和服务的创新，体现休闲创造快乐、休闲创造价值的核心理念，为城市找到科学发展的新路径。

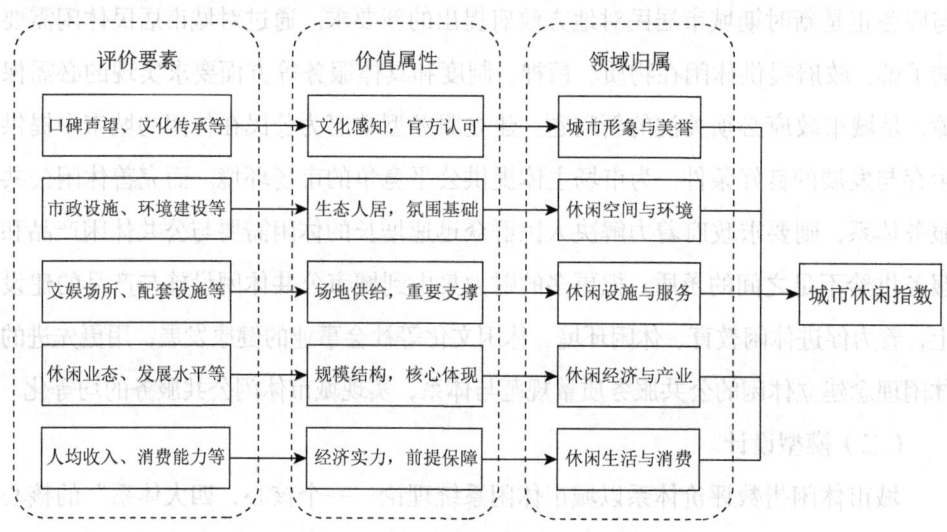

图2-2　城市休闲指数评价体系构建流程

（三）指标调整及权重变化

本次对现行城市休闲指数评价指标体系的更新完善工作始于2023年3月。相关工作以"基于实践、指导实践、把握趋势、客观科学"为指导原则，全面回顾过往成绩、全面总结工作经验、全面评估提升空间，以保障更新后的评价指标体系的全面性、可比性、动态性、层次性和可度量性。

1. 指标调整

（1）删除1个指标

《中国城市统计年鉴2022》中，停止发布"私人汽车拥有情况（市辖区）"

指标相关数据，因此删除"每百人拥有私人汽车"一项指标。

(2) 修改 1 个指标

原指标体系中，指标"每万人国际互联网用户数"的数据源为《中国城市统计年鉴 2022》中"互联网宽带接入用户数（万户）"这一数据。考虑到移动电话作为在线购物、查询预订等方面在新时代最常用的工具，能够比互联网用户数更直接反映休闲生活和消费行为的内容与趋势，因而将"每万人国际互联网用户数"调整为"移动电话普及率"。

(3) 增添 3 个指标

基于休闲产业发展趋势，结合专家意见，考虑数据的可获取性和权威性，增加"科学技术投入""每百万人科学创新发明数""每万人医院床位数"3 个指标。通过城市的科技水平与医疗资源状况，反映城市休闲空间和环境的舒适度、便捷度以及现代化程度。

综上，评价体系在保留原有的 31 个指标的基础上，删除 1 个指标，修改 1 个指标，增添 3 个指标。调整后，指标体系由 33 个基本指标构成。

2. 指标权重的变化

所有指标的权重均有所变化，平均变动幅度为 22%，较好地体现了城市系统不同组成部分对于城市休闲功能作用力和影响机制的变化，符合城市休闲化的发展趋势。

四、指标及权重解释说明

休闲城市评价体系由 33 个统计性指标组成。除特别说明使用大市范围（地级市全部范围，包含市辖区、县级市、县）的数据外，其余指标的测算范围都限定在市辖区内（包括城区和郊区，即不包括县级市、县域范围）。除特别说明的指标外，均使用 2021 年度数据。除"人口密度"和"恩格尔系数"以外，所有指标都是正向指标（数据越大越好）。将统计性评价结果加总为休闲指标分析结果（LSA），再经过整理，最终形成中国城市休闲指数。

(一) 城市形象与美誉

城市形象与美誉主要反映一个地区城市发展的总体状况。这些荣誉综合反映了一个城市的卫生状况、历史文化资源状况、旅游发展情况、市民文明程度、绿化美化情况，间接体现了有利于城市休闲的因素，本项包含2个二级指标，占23.93%的权重。

● 荣誉称号：在众多的国家级荣誉称号中，选取了国家卫生城市、国家历史文化名城、全国文明城市、国家园林城市、国家全域旅游示范区、国家级夜间文化和旅游消费集聚区、国家级旅游休闲街区、国家级旅游度假区、中国旅游休闲示范城市、国家文化和旅游消费示范城市共10项荣誉称号进行统计。在众多世界级荣誉称号中，选择世界美食之都、世界文学之都、世界设计之都、世界电影之都、世界音乐之都、世界媒体艺术之都、世界民间艺术之都、东亚文化之都、联合国人居奖共9项荣誉称号进行统计。

数据来源：荣誉称号颁授部门的官方网站，相关公示公报。

评分原则：按照每获取一项国家级荣誉称号得0.1分，每获取一项世界级荣誉称号得0.15分的原则，上限为1分，最低为0分。

● 国家级非物质文化遗产数：反映一个城市有影响力、有传统魅力的文化资源，是一个城市重要的文化财富，同时这些资源也是进行高品质休闲活动的有力支撑。

特别说明，对于以省级名义申报成功的非物质文化遗产，如果存在评选城市较为典型的情况，也可以计入（如"昆曲"）城市得分；但是具有全国普适性的非物质文化遗产不再计入（如"中药"）。

数据来源：中国非物质文化遗产网·中国非物质文化遗产数字博物馆。其为大市范围数据。

评分原则：每拥有1项非物质文化遗产，计0.1分，10项及以上计1分。

（二）休闲空间与环境

休闲空间与环境从自然、生活、环卫等方面反映一个城市适宜休闲的总体状况。本项包括11个二级指标，共占22.26%的权重。

● 人口密度：反映一个城市拥挤的程度。一般而言，城市人口密度越低，休闲的空间相对更大。

数据来源：《中国城市建设统计年鉴2021》。

● 空气质量优良率：反映一个城市开展休闲活动的空气状况。良好的空气质量是开展休闲活动的有利因素。

数据来源：各省级行政区的统计年鉴及各地级市的国民经济和社会发展统计公报。其为大市范围数据。

● 人均公园绿地面积：反映一个城市绿地的总体状况。更多的绿地面积能给休闲活动创造更好的环境。

数据来源：《中国城市建设统计年鉴2021》。

● 建成区绿化覆盖率：建成区是指市政区范围内经过征用的土地和实际建设发展起来的非农业生产建设地段，包括市区集中连片的部分和分散在近郊区与城市有着密切联系，具有基本完善的市政公用设施的城市建设用地。一般而言，城市建成区绿化覆盖率更能反映城市中心及周边地区的绿化覆盖率和林木覆盖率。

数据来源：《中国城市建设统计年鉴2021》。

● 人均道路面积：反映道路的拥挤程度和交通基础设施的供给状况。人均道路面积越高，意味着休闲的交通基础条件越好。

数据来源：《中国城市建设统计年鉴2021》。

● 城市生活污水集中处理率：反映城市生活污水处理厂集中处理的生活污水占城市生活污水排放总量的比例。该指标可以说明城市所具备的处理生活污水能力，以及对受纳水体的影响程度。更高的处理率意味着休闲的环境质量更高。

数据来源：《中国城市统计年鉴2022》。其为大市范围数据。

● 生活垃圾无害化处理率：反映城市生活垃圾处理厂集中处理的垃圾占城市生活垃圾总量的比例。更高的处理率意味着休闲的环境质量更好。

数据来源：《中国城市统计年鉴2022》。其为大市范围数据。

● 教育投入：反映城市整体的教育环境和人文氛围，更高的教育投入比重意味着更好的城市人文环境，相应地，休闲环境也会趋于良好。计算方式为教育支出占地方一般公共预算支出的比重。

数据来源：《中国城市统计年鉴2022》。

● 科学技术投入：反映城市整体的科技发展水平，更高的科学技术投入比重意味着更先进的、更便利的城市空间与环境，相应地，休闲环境也会趋于良好。计算方式为科技支出占地方一般公共预算支出的比重。

数据来源：《中国城市统计年鉴2022》。

- 每百万人科学创新发明数：反映城市整体的科研氛围与科技研发水平，每百万人科学创新发明数越高，表示城市拥有更好的科技发展前景，科教氛围浓厚。

数据来源：《中国城市统计年鉴2022》。

- 每万人医院床位数：反映城市基本的医疗设施状况，每万人拥有的医院床位数越多意味着该城市的康养医疗资源越丰富，城市空间更为全备。

数据来源：《中国城市统计年鉴2022》。

（三）休闲设施与服务

休闲设施与服务通过国家评定的各类国家级休闲资源、文化资源、体育资源、旅游软硬件条件、交通设施等方面反映一个城市是否具备开展大规模休闲活动的条件。本项包括9个二级指标，共占21.65%的权重。

- 每百万人拥有4A级及以上旅游景区数：4A、5A级旅游景区代表高品质的休闲资源，其数量的高低可以直接反映一个城市能够为本市居民和外地游客提供高品质休闲资源的能力。

数据来源：各省级行政区的统计年鉴、文化和旅游厅官网，各地级市的统计年鉴、文化和旅游局官网。其为大市范围数据。

- 每百万人拥有电影院数：可以反映一个城市电影和文艺演出的平均规模。电影和文艺表演是休闲活动的重要内容之一。

数据来源：于2023年5月1日，通过爬虫软件爬取"淘宝淘票票""美团电影"两大线上电影票购票平台内所有电影院的实时数据，包括名称、位置等信息。进行数据比对、清洗，并筛选出各城市市辖区范围的电影院数量。

- 每十万人拥有体育场馆数：在一定程度上，反映居民在休闲时间参加体育活动的设施保障。

数据来源：各省级行政区和地级市的统计年鉴、国民经济和社会发展统计公报。其为大市范围数据。

- 每百人公共图书馆藏书量：一方面可以大致反映出城市居民进行休闲阅读的状况，另一方面也反映一个城市总体的文化氛围。

数据来源：《中国城市统计年鉴2022》。

- 每十万人拥有博物馆数：一方面可以大致反映出城市居民在休闲时间参观

博物馆的状况，另一方面也可以反映一个城市的历史文化积淀。

数据来源：《中国城市统计年鉴2022》。

● 每万人拥有星级饭店数：由于住宿星级饭店的主体是外来人员，因此，该指标可以在一定程度上反映城市为外来旅游者提供住宿设施的规模。

数据来源：中国酒店饭店业协会官网。其中，五星级饭店名录更新时间为2023年04月17日，一至四星级饭店名录更新时间为2022年05月22日。其为大市范围数据。

● 每万人拥有公共汽车数：反映一个城市公共交通的发达程度，同时也反映了城市休闲活动的便利程度。

数据来源：《中国城市统计年鉴2022》。

● 每万人拥有出租车数：出租车是绝大多数城市除了公共汽车以外重要的交通选择，该指标可以反映城市休闲活动的便利程度。

数据来源：《中国城市统计年鉴2022》。

● 商业服务业设施水平：商业服务业设施是休闲活动开展的前提条件，反映城市基础休闲设施的丰富程度，计算方式为商业服务业设施用地面积除以城市建设用地面积。

数据来源：《中国城市建设统计年鉴2021》。

（四）休闲经济与产业

休闲经济与产业是一级指标。休闲经济是休闲环境和休闲条件在经济方面的集中体现。一般而言，休闲环境和休闲条件为休闲提供了一种可能的条件，如果在此基础上，城市能够提供丰富多样的休闲类产品，休闲经济就可以得到充分的发育。本项包括6个二级指标，共占17.31%的权重。

● 每万人公路客运量：反映城市内部及城市之间人员交往的频繁度，在一定程度上可以反映出休闲活动的频繁度。

数据来源：《中国城市统计年鉴2022》。其为大市范围数据。

● 第三产业占比：第三产业包括生产性服务业和生活类服务业。一般来说，生活类服务业更能体现休闲经济的发展状况，尽管无法分解出生活类服务业的产值，但使用第三产业增加值占GDP的比重也可以大体反映休闲经济在城市中的位置。

数据来源：《中国城市统计年鉴2022》。

● 人均旅游总收入：既包括城市为外来旅游者提供服务产生的各项收入，也包括本市居民在进行短距离旅游时产生的花费。其数值是旅游外汇收入和国内旅游收入相加后，与旅游总人数之比。

数据来源：各省级行政区和地级市的统计年鉴、国民经济和社会发展统计公报。其为大市范围数据。

● 外资活力：反映城市外资活跃度和利用水平。外资和外企是一个地区经济活力的关键指标。在一定程度上，是从国际视角对城市休闲经济的总体评价。外企数量越多、外资利用规模越高，其对外开放程度和国际化程度也越高。计算方式为规模以上外商投资工业企业数量除以常住人口数量。此处指广义上的外商企业，即非内资企业，包括我国港、澳、台商。

数据来源：《中国城市统计年鉴2022》。

● 国内外游客总量：反映了城市旅游业发达程度，游客接待量越大越能体现城市休闲要素和服务接待设施的齐全程度。

数据来源：各省级行政区和地级市的统计年鉴、国民经济和社会发展统计公报。其为大市范围数据。

● 夜间灯光指数：夜间灯光指数能较好反映城市夜经济活跃程度。夜经济是城市休闲产业的重要组成部分，很大程度上反映了城市居民休闲消费需求的旺盛程度。

数据来源：美国国家海洋与大气管理局（NOAA）的VIIRS/DNB影像数据。其为大市范围数据。

（五）休闲生活与消费

收入是休闲的基础，本项主要反映城市居民的收入水平和消费力，以及互联网普及程度。本项包括5个二级指标，共占14.85%的权重。

● 人均社会消费品零售总额：购物是休闲活动的重要内容之一，这一指标可以反映商业的总体发展规模。

数据来源：《中国城市统计年鉴2022》。

● 每万人移动电话用户数：一方面，移动互联网的使用本身是休闲活动的组成部分；另一方面，移动电话用户数还可以反映出城市的信息化水平。总体而言，更多的移动电话用户更加有利于休闲经济的发展。

　　数据来源：各省级行政区和地级市的统计年鉴、国民经济和社会发展统计公报。其为大市范围数据。

　　● 城镇居民人均可支配收入：人均可支配收入是进行休闲消费开支的最重要的决定性因素，因而可以被用来衡量一个地区的休闲水平情况。

　　数据来源：各省级行政区和地级市的统计年鉴、国民经济和社会发展统计公报。其为大市范围数据。

　　● 恩格尔系数：随着家庭收入的增加，家庭收入中（或总支出中）用来购买食物的支出比例则会下降。因而，个人用以满足健康娱乐和精神需要的开支会得以增长，而休闲消费就包含这两个层次。

　　数据来源：各省级行政区和地级市的统计年鉴、国民经济和社会发展统计公报。其为大市范围数据。

　　● 人均地区生产总值：反映城市总体的富裕程度。由于城市休闲市场的主体消费人群是本市居民，因此较高的人均产值，一般而言也意味着较大的休闲消费潜力。

　　数据来源：《中国城市统计年鉴2022》。

五、指数计算方法与流程

（一）三级指标得分

　　先就单个指标设定基期年份的指标得分的最大值和最小值分别是1和0，并根据各个城市的指标值确定它在0和1之间的得分。除有明确评分原则的指标以外，正向指标计算得分的方法如下：

$$\text{第}i\text{个指标得分} = \frac{V_i - V_{min}}{V_{max} - V_{min}}$$

逆向指标（仅用来计算"人口密度"）计算得分的方法如下：

$$\text{第}i\text{个指标得分} = \frac{V_{min} - V_i}{V_{max} - V_{min}}$$

　　其中 V_i 是某个城市第 i 个指标的原始数据，V_{max} 是与所有比较城市基本第 i 个指标相对应的原始数据中数值最大的一个，V_{max} 则是最小的一个。

（二）指标权重确定流程

城市休闲化水平评价体系较为复杂，课题组采用层次分析法，充分借助专家对城市休闲化水平的认识、感知以及研究经验进行评价，确定各指标的权重，以期对城市休闲化发展水平科学、全面、客观地进行评价。

层次分析法需要10位以上专家进行评价，以提高评价结果的准确性。因此，课题组于2023年3月18日至4月25日对12名专家进行问卷调查。在专家的选择上，采用方便抽样的原则邀请身边从事城市休闲经济、旅游经济、旅游休闲、旅游规划、旅游营销等与城市休闲相关研究领域的学校老师、研究学者等进行评价。专家组中6位男性，6位女性；43.6%年龄在26~35岁，各有28.2%为36~45岁、46~60岁；从事休闲、旅游研究的占比分别为5年以下36.2%，6~10年26.9%，11~15年18.8%，16~20年及21年以上各有9.1%。专家组呈现男女大致均等、中青年学者兼备、研究经验10年以内居多的特点，结构基本合理。

在实际调查中，采用线上和线下混合调查的方式，共回收了12份问卷，回收率为100%。由于问卷填写需要一定时间，而时间过短可能影响评价结果的准确性。因此，本文删去了2份填答时间过短（2分钟）的问卷，其余10份问卷填答时间在10分钟至25分钟，认定为有效问卷，有效率为83.33%。调查过程为：(1)将问卷及与城市休闲化发展水平评价相关的所有资料发送给各位专家，向其介绍评价背景、评价指标体系的内容、各个评价指标的含义等，使其充分了解该评价体系；(2)在此基础上由各专家对各个评价指标的相对重要性进行评价；(3)得到各专家的判断矩阵后，进行一致性检验，若某专家的判断矩阵未通过一致性检验，则将存疑之处反馈给该专家，再次进行判断，直至一致性检验符合要求；(4)综合所有专家的判断，取平均值，得到城市休闲产业吸引力评价指标体系的最终权重。

（三）二级指标得分

每个二级指标最终得分为：三级指标得分 × 指标权重 ×100。比如某城市在"每百万人拥有4A级及以上旅游景区数"项目上得分为0.75分，则最终得分为：三级指标得分0.75× 指标权重3.90% ×100=2.925分。

（四）城市休闲指数

城市休闲指数为各二级指标最终得分相加的总分，分值在100以内。

第三章 中国城市休闲指数排名

一、休闲城市总体排名

表 3-1 为 2022 年中国休闲城市发展指数排行前 20 名。所呈现得分为三级指标得分无量纲化处理后的分数。

表 3-1 2022 年中国休闲城市发展指数排行前 20 名

省份	城市	城市休闲发展指数 排行	城市休闲发展指数 得分	A. 城市形象与美誉 得分	B. 休闲空间与环境 得分	C. 休闲设施与服务 得分	D. 休闲经济与产业 得分	E. 休闲生活与消费 得分
江苏	苏州	1	100.00	17.93	23.26	23.65	18.31	16.85
	北京	2	95.14	17.06	22.13	22.50	17.42	16.03
浙江	杭州	3	92.60	16.60	21.54	21.90	16.96	15.60
浙江	宁波	4	92.40	16.57	21.49	21.85	16.92	15.57
	上海	5	90.23	16.18	20.99	21.34	16.52	15.20
广东	深圳	6	84.69	15.18	19.70	20.03	15.51	14.27
江苏	南京	7	83.84	15.03	19.50	19.83	15.35	14.13
内蒙古	鄂尔多斯	8	82.03	14.71	19.08	19.40	15.02	13.82
广东	广州	9	79.75	14.30	18.55	18.86	14.60	13.44
四川	成都	10	76.54	13.72	17.80	18.10	14.02	12.90
浙江	温州	11	75.30	13.50	17.51	17.81	13.79	12.69

续表

省份	城市	城市休闲发展指数		A.城市形象与美誉	B.休闲空间与环境	C.休闲设施与服务	D.休闲经济与产业	E.休闲生活与消费
		排行	得分	得分	得分	得分	得分	得分
海南	三亚	12	74.37	13.33	17.30	17.59	13.62	12.53
西藏	拉萨	13	73.34	13.15	17.06	17.34	13.43	12.36
福建	厦门	14	72.96	13.08	16.97	17.26	13.36	12.29
江苏	无锡	15	72.69	13.03	16.91	17.19	13.31	12.25
浙江	嘉兴	16	69.26	12.42	16.11	16.38	12.68	11.67
广东	珠海	17	68.97	12.37	16.04	16.31	12.63	11.62
浙江	绍兴	18	68.72	12.32	15.99	16.25	12.58	11.58
浙江	湖州	19	68.48	12.28	15.93	16.19	12.54	11.54
山东	青岛	20	66.55	11.93	15.48	15.74	12.19	11.21

2022年位居休闲城市发展指数排名前十的城市依次为苏州市、北京市、杭州市、宁波市、上海市、深圳市、南京市、鄂尔多斯市、广州市、成都市。其中，排名前十的城市除鄂尔多斯市和成都市外，其余全部位于东部地区。与2021年相比，东部地区所占城市数量下降2席，西部地区增加2席。

在排名前20的城市中，东部地区共有17个城市入围，占比达85%，与2021年的90%相比略微下降，17个城市覆盖了东部地区6个省、2个直辖市。而其中，特别要指出的是江苏省、浙江省和广东省，在前10名中，各有2个城市来自江苏省、浙江省和广东省；前20名中，有6个城市来自浙江省、3个城市来自江苏省、3个城市来自广东省，占据了大半壁江山。西部地区有3个城市入围前20名，中部地区和东北地区则没有城市入围。显示出东部地区相比之下休闲水平发展较高、覆盖率较广的特点，西部发展较逊色于东部地区，中部地区和东北地区休闲发展还有很大的发展空间。

从休闲城市发展指数的整体排行的区域分布来看，东部地区优势突出，如图3-1所示。

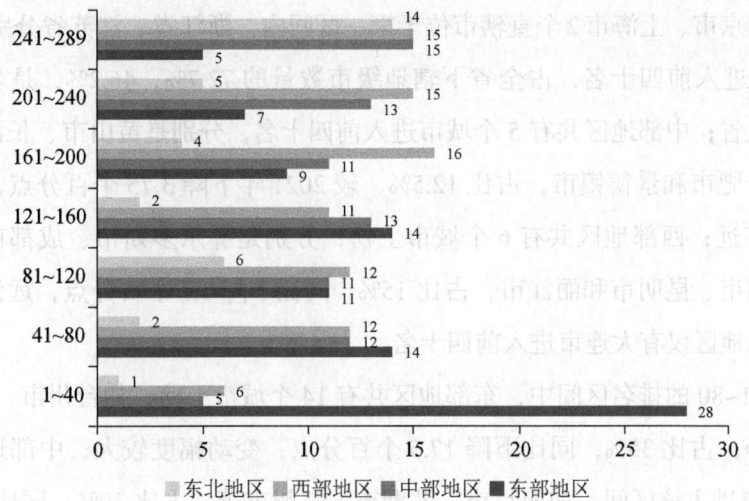

图 3-1 休闲城市发展指数不同排行区间各区域城市所占个数

在 289 个城市中，总共有东部城市 87 个，占比 30.1%；中部城市 80 个，占比 27.7%；西部城市 88 个，占比 30.4%；东北地区城市 34 个，占比 11.8%。图 3-2 为休闲城市发展指数不同排行区间内各区域城市所占比重。

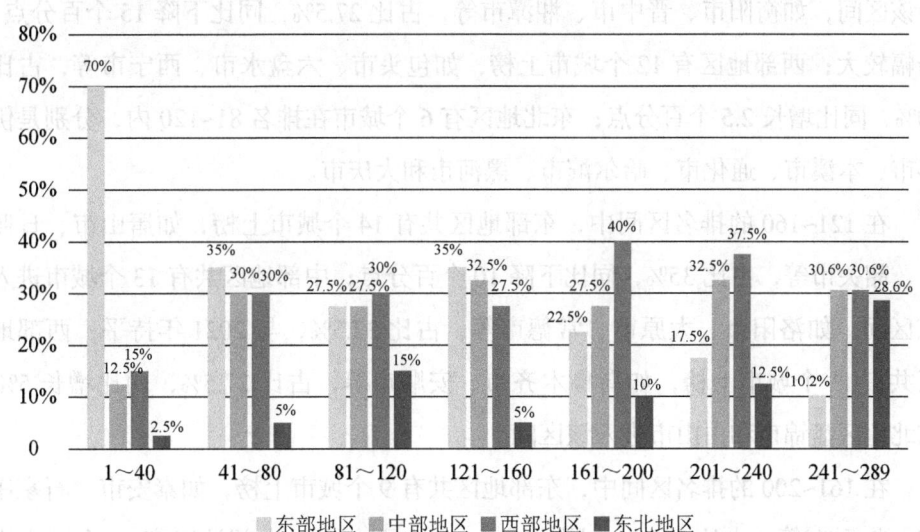

图 3-2 休闲城市发展指数不同排行区间内各区域城市所占比重

在 1~40 的排名区间中，东部地区共有 28 个城市上榜，如苏州市、北京市、杭州市等，占比 70%，远高于标准值。前七名城市均为东部地区城市，牢牢霸居榜首，北京市、上海市2个直辖市位于第一区间内。浙江省、江苏省分别有8个、6个城市进入前四十名，占全省下辖地级市数量的72.7%、46.2%，是名副其实的休闲大省；中部地区共有5个城市进入前四十名，分别是黄山市、长沙市、武汉市、合肥市和景德镇市，占比12.5%，较2021年下降3.75个百分点，与标准值相距甚远；西部地区共有6个城市上榜，分别是鄂尔多斯市、成都市、拉萨市、贵阳市、昆明市和丽江市，占比15%，同比下降5.7个百分点，远低于标准值；东北地区仅有大连市进入前四十名。

在41~80的排名区间中，东部地区共有14个城市上榜，如台州市、泉州市、天津市等，占比35%，同比下降17.5个百分点，变动幅度较大；中部地区共有12个城市进入该区间，如南昌市、芜湖市、郑州市等，占比30%，同比增长7.5个百分点；西部地区共有12个城市上榜，如呼和浩特市、桂林市、重庆市等，占比30%，较2021年新增2个；东北地区沈阳市和长春市进入该区间。

在81~120的排名区间中，东部地区共有11个城市上榜，如淮安市、石家庄市、东营市等，占比27.5%，同比下降2.5个百分点；中部地区有11个城市进入该区间，如衡阳市、晋中市、湘潭市等，占比27.5%，同比下降15个百分点，降幅较大；西部地区有12个城市上榜，如包头市、六盘水市、西宁市等，占比30%，同比增长2.5个百分点；东北地区有6个城市在排名81~120内，分别是伊春市、本溪市、通化市、哈尔滨市、黑河市和大庆市。

在121~160的排名区间中，东部地区共有14个城市上榜，如唐山市、日照市、韶关市等，占比35%，同比下降10个百分点；中部地区共有13个城市进入该区间，如洛阳市、太原市、常德市等，占比32.5%，与2021年持平；西部地区共有11个城市上榜，如乌鲁木齐市、安顺市等，占比27.5%，同比增长5%；东北地区盘锦市和白山市进入该区间。

在161~200的排名区间中，东部地区共有9个城市上榜，如泰安市、石家庄市、临沂市等，占比22.5%，同比增长2.5个百分点；中部地区有11个城市进入该区间，如大同市、荆州市、驻马店市等，占比27.5%，同比下降12.5个百分点，降幅较大；西部地区共有16个城市上榜，如眉山市、赤峰市、百色市等，占比40%，与2021年相持平；东北地区共有4个城市进入该区间，分别是鞍山市、辽阳市、四平市和松原市。

在201~240的排名区间中,东部地区共有7个城市上榜,如潮州市、保定市、枣庄市等,占比17.5%,同比下降10个百分点;中部地区共有13个城市进入该区间,如焦作市、六安市、长治市等,占比32.5%,同比下降7.5个百分点,与标准值十分接近;西部地区共有15个城市上榜,如榆林市、通辽市、海东市等,占比37.5%,同比下降7.5个百分点;东北地区共有5个城市进入该区间,分别是营口市、齐齐哈尔市、吉林市、锦州市和佳木斯市。

在241~289的排名区间中,东部地区共有5个城市上榜,如邯郸市、德州市、衡水市等,占比10.2%,同比下降30.6个百分点,远小于2021年占比;中部、西部地区均共有15个城市进入该区间,如朔州市、鹤壁市、孝感市、中卫市、白银市、巴彦淖尔市等,分别占比30.6%,其中,中部地区同比增长10.2个百分点,西部地区同比下降8.2个百分点;东北地区共有14个城市进入该区间,如牡丹江市、丹东市、辽源市等,占比28.6%。

从休闲城市发展指数不同排行区间内各区域城市所占比重图中可知,东部地区的城市休闲指数大多集中在排名的前中部分,有30余个东部地区城市以绝对优势领先中、西部地区城市,霸居榜单第一方阵,城市休闲发展水平遥遥领先。中部地区的城市休闲指数大多集中在排名的中间部分,呈现橄榄形分布。西部地区的城市休闲指数表现比较特殊,在第一、第二区间表现优于中部地区城市,但是缺少中间部分,主要集中在靠后部分。而东北地区作为新划分出的经济区域,东北三省仍需在休闲经济加大发展力度。整体来说,休闲发展延续2021年的趋势,东部地区的城市休闲发展态势良好,占有极大的优势,中部地区次之,需要加大休闲城市发展建设力度,而西部地区的个别城市休闲发展已经领先于全国平均水平,但是大部分的城市休闲基础是薄弱的,需要投入更多的努力来促进城市的休闲发展。

二、最佳休闲形象城市建设

(一)总体特征

最佳休闲形象城市的特征如下:一是世界级、国家级荣誉称号多。本指标所统计的荣誉称号均直接与城市的休闲功能相关,荣誉称号越多,代表城市的休闲基础越扎实、城市的休闲功能越完善、城市的休闲氛围越浓厚。其中成都市在"荣誉称号"这一指标上获得满分。二是国家级非物质文化遗产多。在本领域成都市、北京市、杭州市三座城市表现突出。图3-3所示为城市形象与美誉指数不同排行区间各区域城市所占个数。图3-4所示为城市形象与美誉指数不同排行区间内各区域城市所占比重。

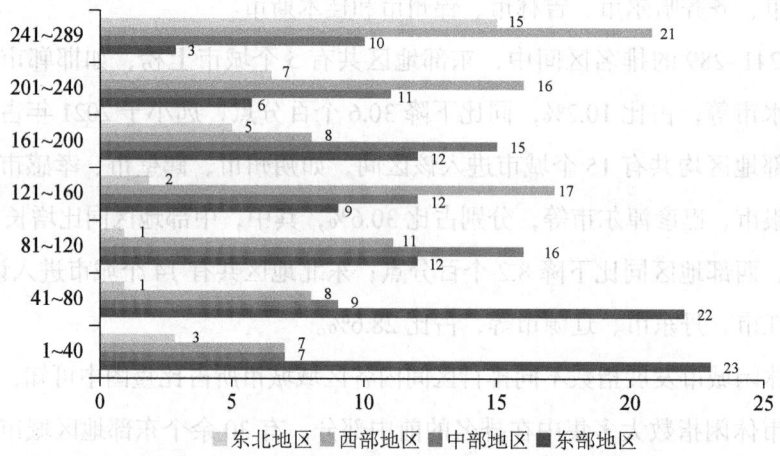

图3-3 城市形象与美誉指数不同排行区间各区域城市所占个数

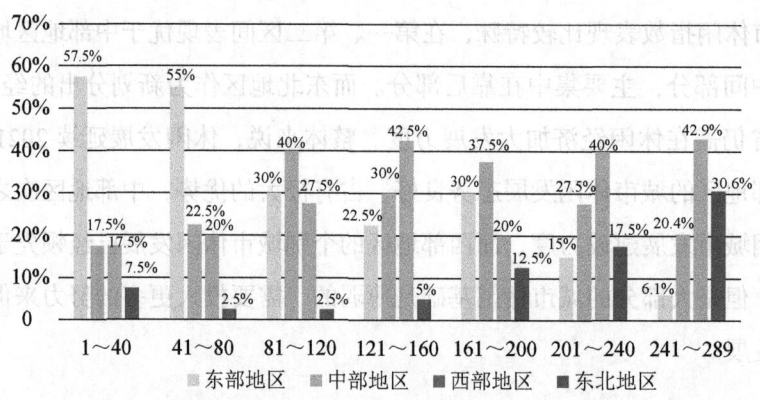

图3-4 城市形象与美誉指数不同排行区间各区域城市所占比重

从城市形象与美誉指数的总体排名来看，在1~40的排名中，东部地区有23个城市进入，如北京市、杭州市、上海市等城市，占比57.5%，远高于标准值；中部地区共有7个城市进入，如武汉市、长沙市、赣州市等城市，占比17.5%，不及标准值；西部地区共有7个城市进入，如成都市、重庆市、昆明市等城市，占比17.5%，低于标准值；东北地区有3个城市进入，分别为哈尔滨市、大连市、沈阳市，占比7.5%，远低于标准值。

在41~80的排名区间中，东部地区共有22个城市进入，如广州市、徐州市、嘉兴市等城市，占比55%，高于标准值；中部地区共有9个城市进入，如上饶市、岳阳市、襄阳市等城市，占比22.5%，不及标准值；西部地区共有8个城市进入，如延安市、自贡市、鄂尔多斯市等城市，占比20%，低于标准值；东北地区有1个城市长春市进入，占比2.5%，远低于标准值。

在81~120的排名区间中，东部地区共有12个城市进入，如台州市、南通市、承德市等城市，占比30%，略高于标准值；中部地区共有16个城市进入，如抚州市、长治市、合肥市等城市，占比40%，高于标准值；西部地区共有11个城市进入，如拉萨市、呼和浩特市、西宁市等城市，占比27.5%，略高于标准值；东北地区仅有1个吉林市进入，占比2.5%，远低于标准值。

在121~160的排名区间中，东部地区共有9个城市进入，如临沂市、邯郸市、宿迁市等城市，占比22.5%，略低于标准值；中部地区共有12个城市进入，如南阳市、娄底市、郴州市等城市，占比30%，略高于标准值；西部地区共有17个城市进入，如遂宁市、石嘴山市、六盘水市等城市，占比42.5%，高于标准值；东北地区有2个城市进入，如辽阳市、本溪市等城市，占比5%，远低于标准值。

在161~200的排名区间中，东部地区共有12个城市进入，如德州市、汕头市、聊城市等城市，占比30%，略高于标准值；中部地区共有15个城市进入，如六安市、鹤壁市、黄石市等城市，占比37.5%，高于标准值；西部地区共有8个城市进入，如玉溪市、崇左市、通辽市等城市，占比20%，略低于标准值；东北地区有5个城市进入，如伊春市、白山市、盘锦市等城市，占比12.5%，是标准值的一半。

在201~240的排名区间中，东部地区共有6个城市进入，如揭阳市、阳江市、儋州市等城市，占比15%，低于标准值；中部地区共有11个城市进入，如亳州市、张家界市、随州市等城市，占比27.5%，略高于标准值；西部地区共有16个城市进入，如赤峰市、南充市、商洛市等城市，占比40%，远高于标准值；东北地区有7个城市进入，如四平市、牡丹江市、丹东市等城市，占比17.5%，低于标准值。

在241~289的排名区间中，东部地区共有3个城市进入，分别为菏泽市、沧州市、汕尾市，占比6.1%，远低于标准值；中部地区共有10个城市进入，如怀化市、益阳市、朔州市等城市，占比20.4%；西部地区共有21个城市进入，如张掖市、平凉市、乌兰察布市等城市，占比42.9%，远高于标准值；东北地区有15个城市进入，如锦州市、黑河市、通化市等城市，占比30.6%，高于标准值。

从以上整体排名分析可知，东部地区的城市在各排行区间的分布相对平均，说明东部地区的各个城市在休闲空间与环境的建设上水平参差不齐；中部及西部地区的城市主要分布在排名的中后区间内，其休闲空间与环境上的建设尚不够好；东北地区则集中处于区间尾部位置，在休闲空间与环境上较为落后，应积极学习排名靠前的城市的建设经验，以使整个地区在休闲空间与环境的建设上呈现出均衡的发展态势，持续发力。

（二）建设经验

在"最佳休闲形象示范城市"排行中，北京市冲上前十名排行榜，高居第二，与成都市和杭州市一并位列前三，三座城市在形象塑造方面有着多样的方法和丰富的经验。习近平总书记在成都第31届世界大学生夏季运动会开幕式欢迎宴会上致辞："益，古大都会也。有江山之雄，有文物之盛[①]。"成都是历史文化名城，自古就是中外交流的枢纽，是西南丝绸之路上的明珠。如今，成都是中国最具活力和幸福感的城市之一。拥有2300多年建城史的成都因海纳百川、兼容并蓄而始终保持经济发展、文化繁荣。成都是国家历史文化名城，中国"十大古都"之一，古蜀文化、三国文化、大熊猫文化闻名遐迩；古蜀文化遗址、工业文明遗址、历史文化街区、名人故里、古镇、古村落、古建筑等自然遗产和非物质文化遗产星罗棋布。成都积极探索非遗创造性转化和创新性发展的有效模式和路径，发展非遗特色文旅经济，12个集聚区初步建成，成为城市有机更新和乡村振兴的重要载体[②]。

中国成都国际非物质文化遗产节、成都创意设计周等文化活动影响力和美誉

[①] 新华社.习近平主席为出席成都大运会开幕式的国际贵宾举行欢迎宴会侧记[EB/OL].（2023-07-29）[2023-09-25].https://www.gov.cn/yaowen/liebiao/202307/content_6895339.html.

[②] 腾讯网.坚定文化自信 世界文化名城彰显新魅力[EB/OL].（2022-10-09）[2023-09-25].https://new.qq.com/rain/a/20221009A0119500.

度不断提升,"非遗之都""音乐之都""设计之都""会展之都"已初露锋芒①。在《成都历史文化名城保护规划(2019—2035)》中,明确将全面整合市域范围内的历史文化遗产,形成"一核,一环,七线,二十片"的展示利用体系②。2021年,成都文创产业增加值实现2073.84亿元,首次突破2000亿元大关,同比增长14.83%,占地区生产总值的10.4%。孵化出《哪吒之魔童降世》《十万个冷笑话》等一批现象级文创IP,数字文创产品出海屡创佳绩。成都文旅融合发展走向深入,"十四五"期间实现旅游收入翻番。2020年,成都被授予首批"国家文化和旅游消费示范城市"。音乐坊、春熙路大慈坊成功入选首批国家级夜间文旅消费聚集区,武侯祠锦里、宽窄巷子、春熙路成功入选首批国家级旅游休闲街区。成都进一步增强历史自觉、坚定文化自信,加快建设彰显中华文明、巴蜀魅力、时代精神的世界文化名城。为在新的征程上奋力谱写成都发展新篇章凝聚强大精神力量。

北京作为中国的首都,无论是城市形象塑造,还是城市软实力提升,抑或是文化传承力度,其前瞻性意识都遥遥领先。北京曾多次获得"首善之城"、中国十大智慧城市等荣誉称号,这些称号也在一定层面体现了北京市在不断优化管理、改善环境,居民的生活品质在不断提升,从而也带动了城市的休闲功能。"十四五"时期北京市文化和旅游局编制印发《北京市"十四五"时期文化和旅游发展规划》③,提出"打造文化遗产保护传承利用的典范之城,推进中华优秀传统文化传承弘扬。深化中华优秀传统文化教育,促进中华优秀传统文化融入生产生活,积极推进长城国家文化公园和大运河国家文化公园北京段的规划建设"。北京国家级非物质文化遗产数量位居全国前列,大量的非遗项目展现了北京市鲜明的文化特质和丰富的文化内涵,非遗的文化空间就是天然的休闲文化空间。丰厚的历史传统使得北京积淀了大量珍贵的非物质文化遗产,京剧、昆曲、太极拳等12个项目入选联合国教科文组织"人类非物质文化遗产代表作名录",144个

---

① 杨继瑞.天府文化:成都建设世界文化名城的文化自信[EB/OL].(2018-04-12)[2023-09-25].http://cpc.people.com.cn/n1/2018/0412/c389394-29922631.html.

② 四川省人民政府.成都历史文化名城保护规划(2019—2035)[R/OL].(2021-12-24)[2023-09-25].https://www.sc.gov.cn/10462/c108551/2021/12/24/8eceb42022834db6a494ed30f439a4a2.shtml.

③ 北京市人民政府.北京市"十四五"时期文化和旅游发展规划[R/OL].(2021-10-25)[2023-09-25].https://www.beijing.gov.cn/zhengce/zcjd/202110/t20211025_2520210.html.

项目入选国家级非遗代表性项目名录，公布市级代表性项目273项；国家级非遗代表性传承人93人，市级非遗代表性传承人249人①。

近年来北京市着力打造"演艺之都"，推进"大戏看北京"，精心组织创作一批文艺精品，持续赋能美好生活：电影《长津湖》叫好又叫座，《觉醒年代》《香山叶正红》《我们的新时代》等一系列京产广播电视网络视听作品在各大平台热播，收获了收视口碑双丰收；话剧《香山之夜》、舞剧《天路》《五星出东方》、京剧《李大钊》等一批精品力作纷纷涌现。如今，"看戏"已经成为北京市民重要的文化活动之一。中国儿童戏剧节、国际青年戏剧节、国家大剧院国际戏剧季、老舍戏剧节、"柏林戏剧节在中国"等多种类型的戏剧节庆渐成气候②。《北京市城市更新条例》提出，依托"一核一主一副、两轴多点一区"的城市空间结构，分圈层差异化明确更新方向，将首都功能核心区和城市副中心作为更新重点，强调历史文化保护与城市修补③。北京越来越重视城市的形象建设，并与时俱进提升城市形象。北京的城市更新是千年古都的城市更新，是落实新时代首都城市战略定位的城市更新，是减量背景下的城市更新，也是满足人民群众对美好生活需要的城市更新。

杭州是历史文化名城，也是文化遗产集聚高地。2011年，西湖文化景观申遗成功；2014年、2019年，中国大运河、良渚古城遗址先后申遗成功，其世界遗产数量在国内城市中跃升至第二位。杭州作为国家历史文化名城、浙江省省会城市和长江三角洲重要中心城市，始终高度重视把历史文化名城作为自身发展的亮丽名片。多年来，杭州严格遵循"保护为主、抢救第一、合理利用、加强管理"的文物工作方针，打造免费开放的"西湖模式"、大型活态遗产保护利用的"运河样板"，探索大遗址保护融入经济社会的"良渚方案"，联动演绎推动文化遗产"串珠成链"，倾力打造世界遗产群落④。杭州先后完成了《杭州西湖文化景

---

① 北京日报.北京非遗保护传承更上层楼［EB/OL］.（2021-06-11）[2023-09-25]. https：//www.beijing.gov.cn/ywdt/gzdt/202106/t20210611_2411035.html.
② 腾讯网.报告描绘"北京建成什么城"［EB/OL］.（2023-01-16）[2023-09-25]. https：//new.qq.com/rain/a/20230116A00QJS00.html.
③ 北京市人民政府.北京市城市更新条例［R/OL］.（2022-12-06）[2023-09-25]. https：//www.beijing.gov.cn/zhengce/zcjd/202212/t20221206_2871608.html.
④ 杭州日报.杭州打造世界文化遗产群落 向世界传递文化自信［EB/OL］.（2023-10-13）[2023-09-25]. http：//wwj.zj.gov.cn/art/2023/10/13/art_1641244_59058803.html.

观保护管理规划（2021—2035）》《全国重点文物保护单位良渚遗址和鲤鱼山—老虎岭水坝遗址保护总体规划（2021—2035）》《杭州市大运河国家文化公园规划》《杭州市大运河核心监控区国土空间管控细则》《良渚遗址周边地区景观控制规划》等，持续做好"三世遗"保护传承、精细管理、惠民共享文章。杭州还首次以"城"为单位，为历史文化保护立法。作为中国古都之一，杭州承载着八千年文明史和五千年建城史，1982年被确定为第一批国家级历史文化名城之一。结合多年实践探索，《杭州市历史文化名城保护条例》于2023年5月1日起正式施行，为进一步加强杭州市历史文化遗产资源保护提供了有力保障。杭州在对历史文化遗产的保护、传承发展方面出台各类支持政策，"158"体系，大力推进全域文化繁荣全民精神富有，为杭州建设世界一流的社会主义现代化国际大都市提供强大思想保证、舆论支持、精神动力和文化条件。

三、最佳休闲环境城市建设

（一）总体特征

最佳休闲环境城市的特征如下：一是人口密度小。人口密度越低，城市居民能够获得的休闲空间就越大。二是生态环境好。表现在良好的空气质量、高水平的城市绿化，由"空气质量优良率""人均公园绿地面积""建成区绿化覆盖率"三个指标体现。生态环境是休闲环境的重要组成，良好的生态环境是休闲活动开展的前提。三是污染防治强。表现在城市生活污水集中处理率和生活垃圾无害化处理率高。类似地，更好的污染防治能力意味着更好的生态环境，如榜单前十的城市生活垃圾无害化处理率均为100%。四是交通条件优。表现在人均道路面积大，此项指标越高，意味着交通通达度越高，交通基础设施条件越好。五是科教氛围浓。城市对科研投入、教育投入的重视程度越高，社会文化氛围就越好。图3-5所示为休闲空间与环境指数不同排行区间各区域城市所占个数。图3-6所示为休闲空间与环境指数不同排行区间内各区域城市所占比重。

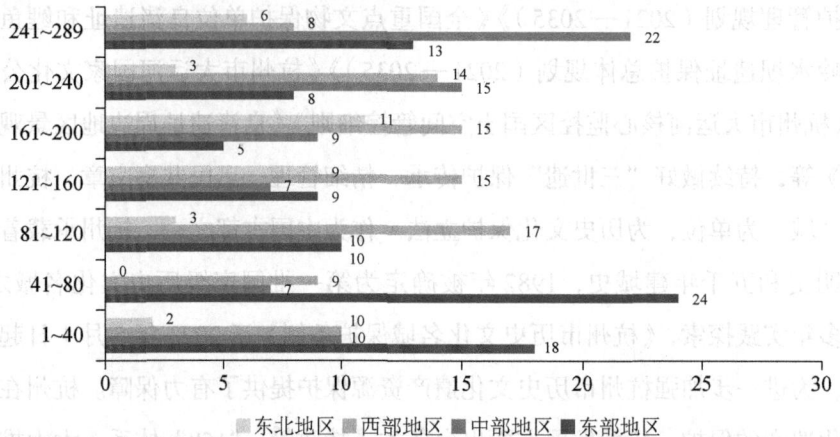

图 3-5 休闲空间与环境指数不同排行区间各区域城市所占个数

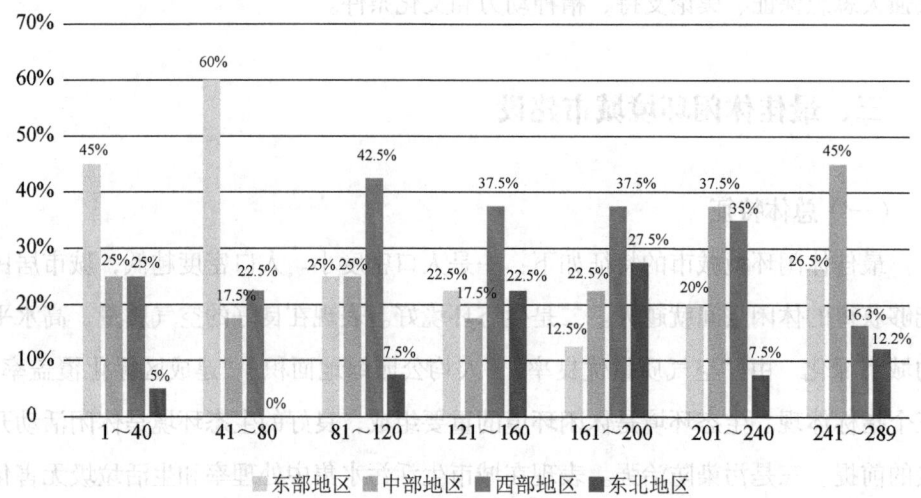

图 3-6 休闲空间与环境指数不同排行区间内各区域城市所占比重

从休闲空间与环境指数的总体排名来看，在 1~40 的排名中，东部地区有 18 个城市进入，如威海市、深圳市、龙岩市、北京市等城市，占比 45%，远高于标准值；中部地区共有 10 个城市进入，如吉安市、黄山市、新余市等城市，占比 25%，与标准值齐平；西部地区共有 10 个城市进入，如鄂尔多斯市、石嘴山市、北海市等城市，占比 25%，与标准值齐平；东北地区有 2 个城市进入，分别为伊春市和本溪市，占比 5%，远低于标准值。

在 41~80 的排名区间中，东部地区共有 24 个城市进入，如温州市、汕头市、承德市等城市，占比60%，远高于标准值；中部地区共有7个城市进入，如合肥市、十堰市、萍乡市等城市，占比17.5%，低于标准值；西部地区共有9个城市进入，如拉萨市、平凉市、昆明市等城市，占比22.5%，略低于标准值；东北地区没有城市进入该行列。

在81~120的排名区间中，东部地区共有10个城市进入，如肇庆市、南通市、青岛市等城市，占比25%，与标准值齐平；中部地区共有10个城市进入，如滁州市、驻马店市、咸宁市等城市，占比25%，与标准值齐平；西部地区共有17个城市进入，如桂林市、百色市、梧州市等城市，占比42.5%，高于标准值；东北地区有3个城市进入，分别为长春市、通化市、葫芦岛市，占比7.5%，远低于标准值。

在121~160的排名区间中，东部地区共有9个城市进入，如东莞市、云浮市、日照市等城市，占比22.5%，略低于标准值；中部地区共有7个城市进入，如南昌市、鄂州市、马鞍山市等城市，占比17.5%，低于标准值；西部地区共有15个城市进入，如武威市、安康市、保山市等城市，占比37.5%，远高于标准值；东北地区有9个城市进入，如大连市、鹤岗市、白城市等城市，占比22.5%，略低于标准值。

在161~200的排名区间中，东部地区共有5个城市进入，如连云港市、常州市、扬州市等城市，占比12.5%，低于标准值；中部地区共有9个城市进入，如衡阳市、蚌埠市、湘潭市等城市，占比22.5%，略低于标准值；西部地区共有15个城市进入，如资阳市、广安市、庆阳市等城市，占比37.5%，高于标准值；东北地区有11个城市进入，如阜新市、朝阳市、白山市等城市，占比27.5%，略高于标准值。

在201~240的排名区间中，东部地区共有8个城市进入，如临沂市、滨州市、廊坊市等城市，占比20%，略低于标准值；中部地区共有15个城市进入，如襄阳市、益阳市、阜阳市等城市，占比37.5%，高于标准值；西部地区共有14个城市进入，如酒泉市、汉中市、榆林市等城市，占比35%，高于标准值；东北地区有3个城市进入，分别为营口市、抚顺市、辽源市，占比7.5%，远低于标准值。

在241~289的排名区间中，东部地区共有13个城市进入，如邢台市、淮安市、衡水市等城市，占比26.5%，略高于标准值；中部地区共有22个城市进入，如大同市、荆州市、黄冈市等城市，占比45%，远高于标准值；西部地区共有8个城市进入，如天水市、崇左市、巴彦淖尔市等城市，占比16.3%，低于标准值；东北地区有6个城市进入，如锦州市、牡丹江市、鸡西市等城市，占比12.2%，远低于标准值。

从以上整体排名分析可知，东部地区的城市主要分布在排行的前端和后端区间，说明东部地区的各个城市在休闲空间与环境的建设水平上参差不齐；中部地区的城市主要分布在排名的中后区间内，说明中部地区的城市在休闲空间与环境上的建设尚不够好；西部及东北地区的城市分布较特殊，集中分布在中后部区间，说明西部地区的城市在休闲空间与环境的建设上取得了一定的成绩，但是各城市之间有很大差异，在休闲空间与环境排名落后的城市应积极学习排名靠前的城市的建设经验，使得整个地区在休闲空间与环境的建设上呈现出均衡的发展态势。

（二）建设经验

鄂尔多斯市在休闲环境的建设上取得了卓越的成就，连续两年夺得最佳休闲环境城市排名的桂冠。鄂尔多斯市位于内蒙古自治区西南部，是内蒙古连接东西、贯通南北、辐射西部、支撑沿海的重要节点城市，是河套文明的发祥家园、浓郁蒙元文化的传承之所，同时也是中国的能源之都，其经济总量居全国成长型资源城市第一，人均GDP跻身全国三甲[1]。鄂尔多斯市早在2011年被中央文明委正式命名为"全国文明城市"；2013年被全国绿化委正式命名为"全国绿化模范城市"；2014年被正式命名为"国家森林城市"；2014年首批获准建设国家生态文明建设示范市……鄂尔多斯市把创建国家生态文明建设示范市作为助力产业转型升级、增强区域生态竞争力、提升群众幸福指数的主抓手，联动推进污染防治攻坚、生态保护修复、绿色低碳发展等全领域生态建设。通过持续努力，全市环境质量持续向好转变，连续四次蝉联"全国文明城市"荣誉称号，是中国最具生态竞争力的城市。

绿色是鄂尔多斯市的底色和价值。今天的鄂尔多斯人会自豪地告诉你，曾经大片消失的绿色，又渐渐地回到了这块饱经沧桑的土地上。70年来，鄂尔多斯

---

① 鄂尔多斯市生态环境局.创建国家生态文明建设示范市规划（2021—2035年）[R/OL].（2022-04-21）[2023-09-25].http://sthjj.ordos.gov.cn/zwgk_6551/zwxxgk/fdzdgknr/zdjcygk/202204/P020231127369071642822.pdf.

市探索出一套行之有效的生态建设模式，开辟中国干旱与半干旱地区实现经济社会与生态环境协调、持续发展的一条崭新途径，成为中国西部生态治理模式的典范。2022年，鄂尔多斯城市环境空气质量全年好于国家二级标准优良天数325天，污染40天，其中重度污染0天，全市二氧化硫均值为$10\mu g/m^3$，同比下降9.1%。全市城镇集中式饮用水源地的水质达标率100%（本底值除外）。污水处理率达99.09%，生活垃圾无害化处理率为100%[1]。2016年，鄂尔多斯市林沙业总产值达44.5亿元，农牧民来自林沙产业的人均纯收入达2700元。鄂尔多斯市生态建设的创新之举，使生态建设和经济发展相融合，绿了荒漠，富了百姓。鄂尔多斯市不仅是一座生态之城，更是一座物华天宝、资源富集的宝藏。扬（羊绒）眉（煤炭）吐（稀土）气（天然气）的鄂尔多斯市，在经济快速发展道路上实现工业发展与绿色环保并驾齐驱[2]。近年来，鄂尔多斯市出台《鄂尔多斯市深入打好污染防治攻坚战实施方案》《鄂尔多斯市创建国家生态文明建设示范市规划（2021—2035年）》等多项政策[3]，使得鄂尔多斯市绿色经济发展迅速、生态保护和建设成绩显著、生态环境质量明显改善、高品质生活体系逐步建成、生态制度体系日趋完善、生态文化深入人心。

威海市继续在环境建设上取得不凡成就，最佳休闲环境城市再次排行第二。威海特殊的地理位置，加上海洋、山林的调节作用，使这里四季分明，气候宜人，整个辖区碧海环绕、山峦叠翠，处处体现着自然之美、生态之美。威海的空气质量连续六年稳定达到国家二级标准，近岸海域水质全部达到相应功能区要求[4]。威海坚持生态立市、环境优先、绿色发展，大力实施环保工作和环境质量"双领先"战略。威海是全国首批"国家环境保护模范城市"，入选"国家园林城市""全国绿化模范城市""国家森林城市"，荣获社会领域最高环保奖项"中华环境奖"。威海市是全国第一个市级及所辖县级市全部建成国家生态文明建设示范区的地级

---

[1] 鄂尔多斯市统计局.鄂尔多斯市2022年国民经济和社会发展统计公报［R/OL］.（2023-03-24）［2023-09-25］.http：//tjj.ordos.gov.cn/dhtjsj/tjgb_78354/202303/t20230324_3366685.html.

[2] 潇潇.内蒙古鄂尔多斯市生态建设综述［EB/OL］.（2018-07-18）［2023-09-25］.https：//www.imsilkroad.com/news/p/103207.html.

[3] 白加伟.建设生态更优的绿色鄂尔多斯［EB/OL］.（2023-06-15）［2023-09-25］.http：//www.ordos.gov.cn/xw_127672/bmdt/202306/t20230625_3442933.html.

[4] 时英艳.国际生态环保样板［EB/OL］.（2022-06-18）［2023-09-25］.https：//www.whnews.cn/news/node/2022-06/18/content_7233104.html.

市入选国家"无废城市"建设试点,威海华夏城成功入选为国家级"绿水青山就是金山银山"实践创新基地。威海市政府大力支持生态环境建设,在《威海市国民经济和社会发展第十四个五年规划和二〇三五年远景目标纲要》中提出将加快推动绿色低碳发展,持续改善环境质量,深入打好污染防治攻坚战,确保环境空气质量继续稳定达到国家二级标准,同时加强生态系统保护修复,保护生物多样性,构建生态安全屏障体系[①]。2022年,威海市环境空气质量连续七年达到国家二级标准,继续保持全省第一。河流水质达标率100%,其中10条水质优于或达到国家《地表水环境质量标准》(GB 3838—2002)Ⅲ类标准,占76.9%,无劣Ⅴ类河流,水质优良比例全省第一,且全市12个主要饮用水水源地水质继续保持优良状态[②]。2022年2月发布《威海市山体保护专项规划(2021—2035年)》,全面促进生态环境保护与社会经济发展及城市建设协调统一,为建设"精致城市·幸福威海"的目标提供了良好的生态支持[③]。《威海市"十四五"生态环境保护规划》明确提出要以持续改善生态环境质量为核心,以实现减污降碳协同增效为总抓手,全力推进加强生态保护修复与监管、加强现代环境治理体系建设等12项重点任务落实落地,为打造在全国具有较强影响力的"美丽城市"威海样板做出贡献。

"中国林都"伊春曾历经从停止森林主伐、率先全面停伐的阵痛,到艰难转型、迈入生态文明建设的新时期。近年来,伊春着力提升城市功能品质和文明内涵,让城市的"颜值"和治理能力得到有效提升。在"最佳休闲环境城市"中排名由2021年较为靠后的名次一跃升至第三名。伊春最大的价值在于生态、最大的责任在生态、最大的潜力也在生态。全面加强生态系统保护和修复,伊春在全省率先打造"绿水青山就是金山银山,冰天雪地也是金山银山"实践地,扎实推进中国式现代化伊春实践。2023年,伊春市创森24项指标建设全面达标或超过国家评价标准。近十年,伊春全域森林蓄积年均净增1000万立方米以上,已达3.75亿立方米,森林覆盖率高达83.8%,实现了连续20年无重大森林火灾,十

---

① 威海市发展和改革委员会.威海市国民经济和社会发展第十四个五年规划和二〇三五年远景目标纲要[R/OL].(2021-05-21)[2023-09-25].https://www.weihai.gov.cn/art/2021/5/21/art_51913_2625850.html.
② 威海市生态环境局.威海市2022年生态环境质量公报[R/OL].(2023-06-12)[2023-09-25].https://sthjj.weihai.gov.cn/art/2023/6/12/art_45027_3712689.html.
③ 威海市人民政府.威海市山体保护专项规划(2021—2035年)[R/OL].(2022-02-14)[2023-09-25].http://www.weihai.gov.cn/art/2022/2/14/art_80789_2830646.html.

年间森林与湿地资产总价值增加 3400 亿元，达到 1.6 万亿元，全市空气质量连续多年在全省排名前列。2022 年，全市环境空气质量共监测 365 天，其中一级 275 天，二级 86 天，环境空气质量指数（AQI）达标天数为 361 天，达标率为 98.9%；市级城市集中饮用水源地水质达标率 100%[①]，伊春市成为中国北方第一个全域天然氧吧城市。同年，伊春市全面启动国家生态文明建设示范区创建，同时作为全省三个城市之一启动"无废城市"创建，以及"森林碳汇城市"创建，2022 年 7 月，伊春市在全省率先与省生态环境厅签订协议，共同开展"厅市共建"，明确了树立生态文明理念、强化生态环境保护治理、实现生态产品价值转换"三大板块"，加快让绿水"流金"、青山"生银"、生态"变现"[②]。林都伊春生态文明底色持续向好，林都人正用实际行动凝心聚"绿"，不断绘就生态文明新画卷，谱写人与自然和谐共生的新篇章。

四、最佳休闲服务城市建设

（一）总体特征

最佳休闲服务城市的特征如下：一是人均拥有的高品质景区多。地区拥有的 4A、5A 级景区数量越多，代表其拥有着品质越高的休闲资源，因此更能为本地居民和外地游客提供高品质的休闲资源。截至 2021 年底，本项指标排名中，黄山市位列榜首，为 21.02 家/百万人。二是人均拥有的商业娱乐场所多。具体表现在"每百万人拥有电影院数"和"商业服务业设施水平"两项指标上取得较高得分，更多的电影院数量能更好地满足居民对电影和文艺表演等休闲活动的需求。同时，密集的商业设施布局为休闲活动提供坚实基础，确保居民享有丰富多样的休闲生活选择。三是人均拥有的体育场馆数量多。更多的体育场馆为居民提供更好的设施保障，使其能够在休闲时间参与体育活动。四是文化氛围浓厚。具体表现为人均拥有的公共图书馆藏书量多、人均拥有的博物馆多，公共图书馆和博物馆是城市重要的公共文化设施，也是居民重要的休闲场所，丰富的藏书和博

---

① 黑龙江省统计局.2022 年伊春市国民经济和社会发展统计公报［R/OL］.［2023-03-29］［2023-09-25］.http://tjj.hlj.gov.cn/tjj/c106779/202303/c00_31562091.shtml.

② 黑龙江日报.厚植生态底色 激发绿色动能［EB/OL］.（2023-08-31）［2023-09-25］.https://www.hlj.gov.cn/hlj/c107858/202308/c00_31663691.shtml.

物馆数量能够间接反映出城市整体的休闲文化氛围。五是人均拥有的星级饭店数量多。更多的星级饭店数量，能为外来旅游者提供更好的住宿服务。六是出租车、网约车及公共交通工具数量增多，为城市居民便捷、灵活、自主的休闲活动提供保障。图3-7所示为休闲设施与服务指数不同排行区间各区域城市所占个数。图3-8所示为休闲设施与服务指数不同排行区间内各区域城市所占比重。

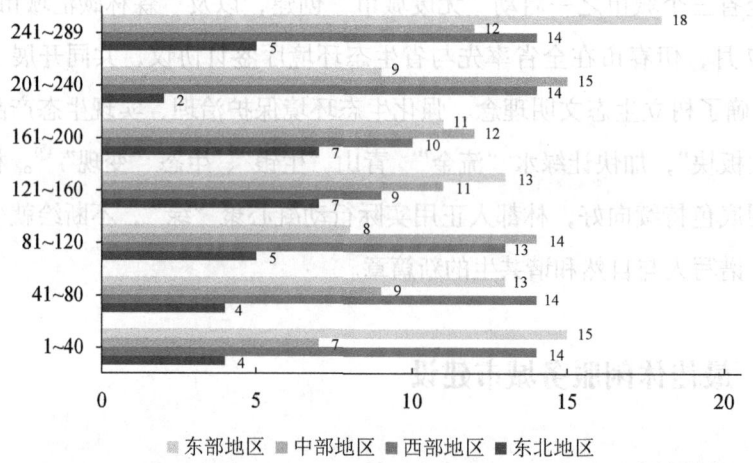

图3-7 休闲设施与服务指数不同排行区间内各区域城市所占个数

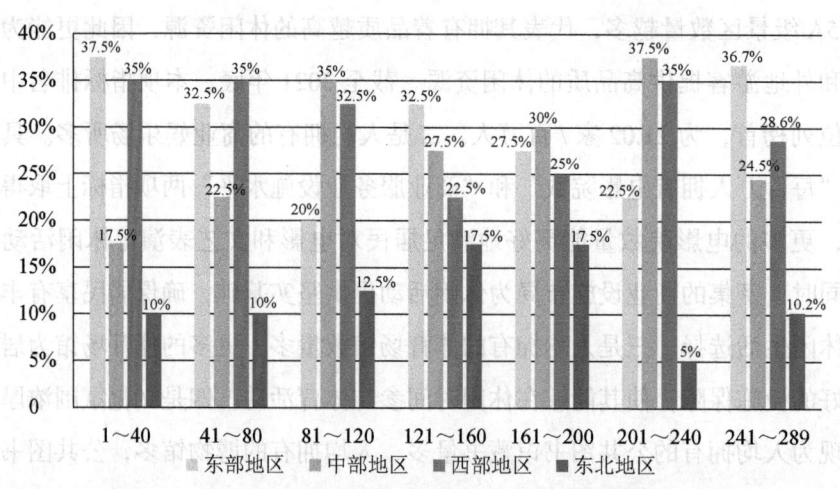

图3-8 休闲设施与服务指数不同排行区间内各区域城市所占比重

从休闲设施与服务指数的总体排名来看，在1~40的排名中，东部地区有15个城市进入，如三亚市、温州市、丽水市等城市，占比37.5%，高于标准值；中部地区共有 7 个城市进入，如黄山市、晋中市、张家界市等城市，占比 17.5%，未达到标准值；西部地区共有 14 个城市进入，如丽江市、拉萨市、鄂尔多斯市等城市，占比 35%，高于标准值；东北地区共有 4 个城市进入，如黑河市、大庆市、本溪市等城市，占比 10%，未达到标准值。

在 41~80 的排名区间中，东部地区共有 13 个城市进入，如福州市、绍兴市、南京市等城市，占比 32.5%，高于标准值；中部地区共有 9 个城市进入，如衡阳市、长沙市、大同市等城市，占比 22.5%，略低于标准值；西部地区共有 14 个城市进入，如兰州市、北海市、乌海市等城市，占比 35%，高于标准值；东北地区共有 4 个城市进入，如大连市、通化市、白山市等城市，占比 10%，未达到标准值。

在 81~120 的排名区间中，东部地区共有 8 个城市进入，如北京市、沧州市、扬州市等城市，占比 20%，略低于标准值；中部地区共有 14 个城市进入，如武汉市、三门峡市、吉安市等城市，占比 35%，高于标准值；西部地区共有 13 个城市进入，如昆明市、银川市、西安市等城市，占比 32.5%，基本与标准线持平；东北地区共有 5 个城市进入，如鞍山市、沈阳市、长春市等城市，占比 12.5%，未达到标准值。

在 121~160 的排名区间中，东部地区共有 13 个城市进入，如韶关市、龙岩市、海口市等城市，占比 32.5%，高于标准值；中部地区共有 11 个城市进入，如宜昌市、湘潭市、吕梁市等城市，占比 27.5%，略高于标准值；西部地区共有 9 个城市进入，如吴忠市、固原市、汉中市等城市，占比 22.5%，略低于标准值；东北地区共有 7 个城市进入，如鹤岗市、抚顺市、四平市等城市，占比 17.5%，未达到标准值。

在 161~200 的排名区间中，东部地区共有 11 个城市进入，如济宁市、廊坊市、徐州市等城市，占比 27.5%，略高于标准值；中部地区共有 12 个城市进入，如萍乡市、永州市、滁州市等城市，占比 30%，高于标准值；西部地区共有 10 个城市进入，如绵阳市、榆林市、平凉市等城市，占比 25%，与标准值持平；东北地区共有 7 个城市进入，如营口市、牡丹江市、佳木斯市等城市，占比 17.5%，未达到标准值。

在 201~240 的排名区间中，东部地区共有 9 个城市进入，如枣庄市、潍坊市、泉州市等城市，占比 22.5%，略低于标准值；中部地区共有 15 个城市进入，如荆门市、开封市、淮北市等城市，占比37.5%，高于标准值；西部地区共有14个城市进入，如临沧市、眉山市、陇南市等城市，占比35%，高于标准值；东北地区共有2个城市进入，分别为铁岭市、松原市，占比5%，未达到标准值。

在241~289的排名区间中，东部地区共有18个城市进入，如聊城市、菏泽市、保定市等城市，占比36.7%，高于标准值；中部地区共有12个城市进入，如新余市、漯河市、孝感市等城市，占比24.5%，基本与标准值持平；西部地区共有14个城市进入，如内江市、钦州市、定西市等城市，占比28.6%，高于标准值；东北地区共有5个城市进入，如白城市、七台河市、吉林市等城市，占比10.2%，未达到标准值。

从以上整体排名分析可知，东部地区的城市在各排行区间的分布排在靠前的位置，说明东部地区的各个城市在休闲设施与服务上占据绝对的优势；西部地区与中部地区的城市主要分布在排名的中后区间内，中部地区的城市在休闲设施与服务上尚不够好，缺乏第一区间内的休闲服务城市；东北地区的城市大多数集中在后部，说明东北地区城市的休闲设施与服务水平最为落后，整体水平较低。四个地区表现出来的休闲设施与服务水平与四个地区的经济发展水平趋势相同。

（二）建设经验

在最佳休闲设施城市中位列第一的是内蒙古自治区的鄂尔多斯市。全市共有A级旅游景区48家，其中国家5A级旅游景区2家，4A级旅游景区28家，3A级旅游景区11家。共105家旅行社，其中具有出境经营权的旅行社6家。2022年鄂尔多斯市共接待旅游者1743万人次，实现旅游总收入120亿元[①]。鄂尔多斯市生态和人居环境优越，休闲度假旅游资源丰富。鄂尔多斯市拥有丰富多彩的休闲旅游资源，以其独特的自然风光和深厚的文化底蕴吸引着众多游客，其中包括广袤辽阔的草原，如鄂尔多斯草原和库布齐沙漠，以及丰富的文化遗产，如乌审旗的古城墙和庙宇、达拉特旗的蒙古族民俗村落，而温泉、湖泊等休闲设施更是为游客提供了放松身心的绝佳场所。多年来鄂尔多斯市一直致力于保护和开发休闲旅游资源。2021年，鄂尔多斯市发布了《鄂尔多斯市建设旅游休闲城市实施方案（2021—2025年）》，提出对标《内蒙古自治区旅游休闲城市建设指要（试

---

① 鄂尔多斯市统计局.鄂尔多斯市2022年国民经济和社会发展统计公报[R/OL].(2023-03-24)[2023-09-25].http://tjj.ordos.gov.cn/dhtjsj/tjgb_78354/202303/t20230324_3366685.html.

行）》，加快推进旅游产业高质量发展，力争到 2025 年，全市游客接待量突破 2300 万人次、旅游收入突破 650 亿元，年均增长 10% 以上，将旅游业发展成为全市服务业领域的支柱产业和综合性幸福产业。到"十四五"末，全市 A 级旅游景区达到 50 家以上，其中国家 5A 级旅游景区达到 3 家、4A 级旅游景区达到 30 家，建成国家级旅游休闲街区 1 个、国家级旅游度假区 1 个、自治区级旅游度假区 2 个、国家级夜间文化和旅游消费集聚区 1 个、全国乡村旅游重点村 3~4 个、自治区乡村旅游重点村 5~6 个，五星级旅游饭店达到 3 家，打造精品旅游演艺项目 3~5 个，将鄂尔多斯市打造成为国内一流的旅游休闲城市[1]。

2022 年拉萨市再进一步，登上了最佳休闲服务城市排行榜第二名。2022 年，拉萨市在旅游领域取得显著的进展。目前"拉北环线"旅游交通标准化研究已完成，首批旅游标识牌和打卡标志已在沿线建成落地，象雄美朵 4A 级景区已经挂牌、藏游坛城 4A 级景区正在评定，5 座旅游厕所正在加快建设，全区首批智慧碳中和无水冲生态旅游公厕已试点运行。拉萨市按照自治区旅游发展厅出台的《关于启动本地游活动促进旅游产业健康发展的若干措施》，主动对上衔接，横向联动、纵向沟通，积极动员各景区景点推出惠民优惠措施，从而进一步拉动旅游经济复苏。2022 年拉萨市持续吸引了大量游客，累计接待国内外游客数量进一步增加，达到约 2800 万人次，同比增长幅度仍较大，实现的旅游收入也持续增长，达到 400 亿元左右，同比增长较为稳健。除此以外，拉萨市成为全国第二批、自治区首个"国家文化和旅游消费试点城市"，不断开展示范城市创建工作；全市国家级乡村旅游重点村达到 11 个；2022 年 5 月 19 日拉萨市举办 2022 拉萨文化和旅游消费季之美丽乡村旅游系列活动，推出了优秀乡村旅游点、乡村旅游精品线路，激发县（区）创新发展本地游热度，带动了旅游业在疫情大背景下探寻新的发展路径。拉萨市通过援藏渠道打造扎西、卓玛旅游 IP 形象，制作《跟着阿睐游拉萨》主题绘本，让本市的旅游形象充分展示在内地公众面前，大幅提升了拉萨旅游知晓度和美誉度，有效激发群众出游热情，同时也助力了拉萨市旅游市场加快复苏[2]。

---

[1] 鄂尔多斯市人民政府.鄂尔多斯市建设旅游休闲城市实施方案（2021—2025 年）[R/OL].（2021-05-26）[2023-09-25]. http://www.ordos.gov.cn/ordosml/ordoszf/202106/t20210602_2902332.html.

[2] 拉萨市旅游发展局.拉萨市旅游发展局关于 2022 年工作总结及 2023 年工作计划的报告[R/OL].（2022-12-26）[2023-09-25]. http://lfj.lasa.gov.cn/lsslyfzj/jhzj/202212/494e03e9d93a4fcb9553565ebbbb8274.shtml.

三亚市因其得天独厚的自然资源与完善的休闲设施建设，在2022年，占据了休闲服务城市排行榜的第三名。三亚市共有5家单位被评为省级全域旅游示范区。目前，三亚已实现了省级以上全域旅游示范区全覆盖，自2016年以来，三亚紧紧围绕建设国际旅游消费中心和全域旅游示范省的建设要求，开展了全域旅游示范区创建工作。吉阳区已于2019年成功创成国家全域旅游示范区，海棠区于2021年创成省级全域旅游示范区，天涯区、崖州区于2022年创成省级全域旅游示范区[1]。同时旅游基础设施也在持续完善，市政府还通过一系列配套文件和资金支持，推动文化旅游康养产业的发展。2021年发布的《三亚市旅游标准化发展规划（2021—2025）》提出，通过"标准—质量—效益—品牌"路线，借助标准化建设工作，进一步加大精细化管理，不断打造标准化、生态化、特色化、多元化旅游发展格局，提升综合实力，助推三亚旅游经济发展[2]。2022年，三亚市启动建设国家文化和旅游消费试点城市系列文旅活动，围绕海洋旅游、婚庆旅游、文化旅游、乡村民宿、旅游商品等新业态开展。通过举办"旅遇三亚海young生活"三亚海洋旅游主题原创短视频创作大赛、2022首届"三亚好礼"征集评选活动、三亚婚庆旅游年度最美婚拍基地推介会、"哆咪市集"三亚主题文旅消费活动、三亚民宿发展论坛暨资源考察活动等，进一步激发了三亚文旅消费潜力，培育壮大文旅消费新业态新模式[3]。

五、最佳休闲经济城市建设

（一）总体特征

最佳休闲经济城市的总体特征如下：一是交通客运量大。经济越发达的城市，休闲活动频率发生的频率越高，城市之间人员的交往也相应地越发频繁，从而城市的客运量也越大。二是第三产业占GDP的比重高。第三产业包括生活类

---

[1] 海南数字日报.三亚实现省级以上全域旅游示范区全覆盖[EB/OL].(2022-12-02)[2023-09-25]. http：//lwj.sanya.gov.cn/wljsite/gzdt/202212/ca043300f6074096a22436d7ed23c67a.shtml.

[2] 三亚市人民政府.三亚市旅游标准化发展规划（2021—2025）[R/OL].(2022-03-07)[2023-09-25]. http：//www.sanya.gov.cn/sanyasite/jghxx/202203/971a5add7d63470094beef9b2563576a.shtml.

[3] 三亚日报数字报.2022年三亚市建设国家文化和旅游消费试点城市系列文旅活动[EB/OL].(2022-11-06)[2023-09-25].http：//www.sanya.gov.cn/sanyasite/syyw/202211/e04d1597795a4623b7b92638c1a38dce.shtml.

服务业，而生活类服务业能大概反映休闲经济的发展状况，因此，类似北京市、海口市等休闲经济发达的城市，第三产业占 GDP 比重分别高达 82.5%、79%。城市内生活类服务业的产值较高，从而使得第三产业占 GDP 的比重也高。三是旅游业发达。旅游是当代居民重要的休闲方式，旅游业是休闲产业的核心组成。全域旅游时代，"景城一体、主客共享"的发展理念日益深入人心；疫情常态化防控背景下，"本地游、微度假"等热门业态广受关注。城市的旅游业发展水平越高，其休闲产业发展水平也越高。四是对外经济发达、国际化程度高。国际化程度也是从国际视角对城市休闲经济的重新评价，如苏州市、珠海市、惠州市等外资活跃度高的城市，其休闲产业发展水平也位居前列。五是国内外游客数量，既能表现该城市旅游业内需状况，也包含了其国际化程度。六是夜生活丰富。夜间经济是休闲经济的重要组成部分，包括夜市购物、餐饮、旅游、洗浴、美容美发、歌舞、影视等产业活动，具有明显的休闲娱乐性质。在一定程度上，城市夜间灯光指数越高，代表区域内夜间经济越发达、夜生活越丰富。如在"夜间灯光指数"排名前 10 的城市中，有 3 座城市指标超过 50，包括东莞市、深圳市、中山市。图 3-9 所示为休闲经济与产业指数不同排行区间各区域城市所占个数。图 3-10 所示为休闲经济与产业指数不同排行区间内各区域城市所占比重。

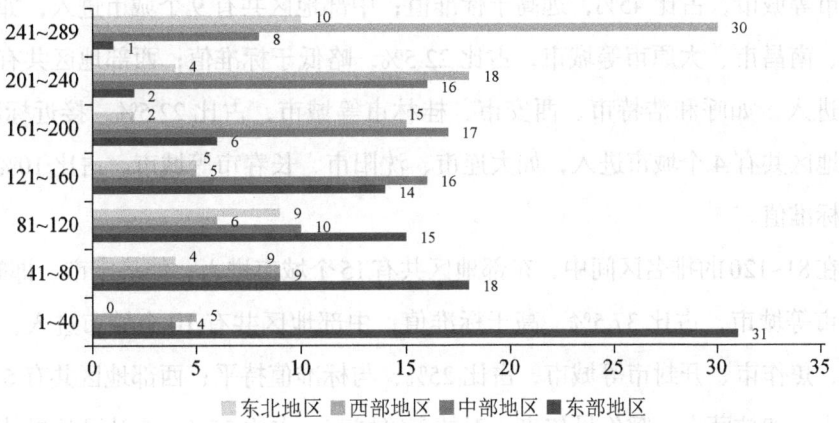

图 3-9 休闲经济与产业指数不同排行区间内各区域城市所占个数

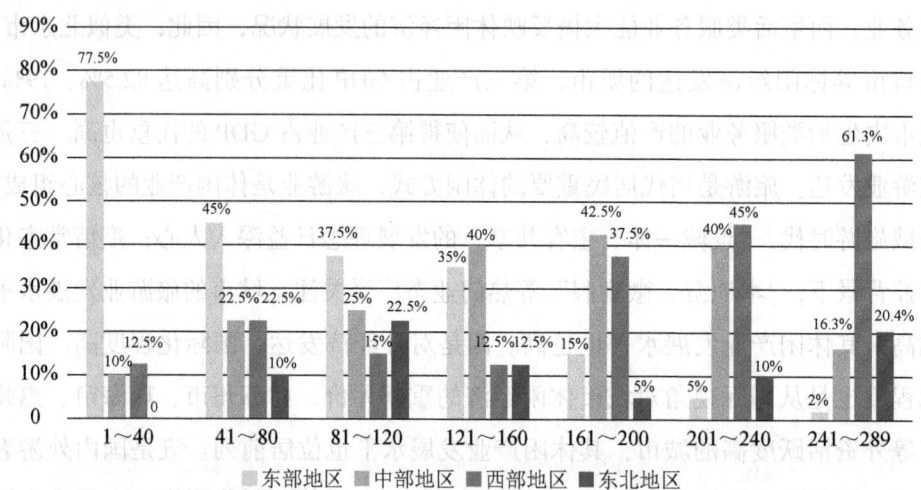

图3-10 休闲经济与产业指数不同排行区间内各区域城市所占比重

从休闲经济与产业指数的总体排名来看，在1~40的排名中，东部地区有31个城市进入，如苏州市、上海市、深圳市等城市，占比77.5%，远高于标准值；中部地区共有4个城市进入，如武汉市、郑州市、合肥市等城市，占比10%，未达到标准值；西部地区共有5个城市进入，如贵阳市、重庆市、成都市等城市，占比12.5%，未达到标准值；东北地区城市未进该排行之中。

在41~80的排名区间中，东部地区共有18个城市进入，如汕尾市、湖州市、河源市等城市，占比45%，远高于标准值；中部地区共有9个城市进入，如张家界市、南昌市、太原市等城市，占比22.5%，略低于标准值；西部地区共有9个城市进入，如呼和浩特市、西安市、桂林市等城市，占比22.5%，接近标准值；东北地区共有4个城市进入，如大连市、沈阳市、长春市等城市，占比10%，远低于标准值。

在81~120的排名区间中，东部地区共有15个城市进入，如济宁市、邯郸市、云浮市等城市，占比37.5%，高于标准值；中部地区共有10个城市进入，如郴州市、焦作市、开封市等城市，占比25%，与标准值持平；西部地区共有6个城市进入，如拉萨市、呼伦贝尔市、玉林市等城市，占比15%，未达到标准值；东北地区共有9个城市进入，如通化市、松原市、辽源市等城市，占比22.5%，接近于标准值。

在121~160的排名区间中，东部地区共有14个城市进入，如张家口市、漳州市、邢台市等城市，占比35%，高于标准值；中部地区共有16个城市进入，如阜阳市、新乡市、吉安市等城市，占比40%，高于标准值；西部地区共有5个城市进入，如北海市、柳州市、河池市等城市，占比12.5%，远低于标准值；东北地区共有5个城市进入，如吉林市、锦州市、营口市等城市，占比12.5%，远低于标准值。

在161~200的排名区间中，东部地区共有6个城市进入，如德州市、茂名市、儋州市等城市，占比15%，低于标准值；中部地区共有17个城市进入，如岳阳市、荆州市、邵阳市等城市，占比42.5%，远高于标准值；西部地区共有15个城市进入，如内江市、陇南市、广安市等城市，占比37.5%，高于标准值；东北地区共有2个城市进入，分别是阜新市、盘锦市，占比5%，远低于标准值。

在201~240的排名区间中，东部地区共有2个城市进入，分别是承德市、三明市，占比5%，远低于标准值；中部地区共有16个城市进入，如朔州市、新余市、黄石市等城市，占比40%，高于标准值；西部地区共有18个城市进入，如咸阳市、商洛市、定西市等城市，占比45%，远高于标准值；东北地区齐齐哈尔市、鞍山市、佳木斯市、辽阳市4个城市进入，占比10%，低于标准值。

在241~289的排名区间中，东部地区宁德市1个城市进入，占比2%，远低于标准值；中部地区共有8个城市进入，如咸宁市、周口市、长治市等城市，占比16.3%，低于标准值；西部地区共有30个城市进入，如眉山市、包头市、汉中市等城市，占比61.3%，远高于标准值；东北地区共有10个城市进入，如葫芦岛市、本溪市等城市，占比20.4%，接近于标准值。

从以上整体排名分析可知，东部地区的城市在各排行区间的分布在前中部，说明东部地区的各个城市在休闲经济与产业的发展上，占据相对较大的优势；中部地区的城市主要分布在排名的中后区间内，中部地区的城市在休闲经济与产业上的发展有一定的基础，但表现并不突出，缺乏水平较高的休闲经济城市；西部地区和东北地区的城市分布主要集中在后部，说明西部及东北地区的城市在休闲经济与产业的发展相对落后，有很大提升空间。

（二）建设经验

苏州市的休闲经济与产业发展迅速，2022年超越上海市夺得最佳休闲经济城市桂冠。作为国内最强地级市、长三角经济圈中的重要中心城市之一，苏州市的经济发展令人瞩目。近年来，苏州在保持传统制造业稳步发展的基础上，不断促进制造业更新升级，并重点打造了苏州电子信息、装备制造、生物医药、先进材料等产业链。《苏州市国民经济和社会发展第十四个五年规划和二〇三五年远景目标纲要》[①]指出，在下一阶段，苏州市将深入实施创新驱动发展战略，加快培育高端产业创新平台，营造良好创新创业生态，增强创新主体活力和内生动力，打造具有全球影响力的综合性产业科技创新高地和关键环节、重点领域科技创新策源地；坚持把发展经济着力点放在实体经济上，以建设万亿级千亿级产业集群和特色优势产业链为抓手，构建完备的现代产业体系，推进产业基础高级化、产业链现代化，提高经济质量效益和核心竞争力。苏州地区生产总值GDP总量于2020年突破2万亿元大关，2022年达23 958.3亿元，与2012年的1011.65亿元相比，十年接近翻番；规模以上工业总产值从2013年至2022年，连续十年超过3万亿元，在2022年达43 642.7亿元，位居全国第三位；2012年以来苏州外贸进出口规模在2500亿元以上并持续提升，2022年达到历史新高的25 721.1亿元[②]，十年来始终位居全国大中城市第四位。2022年，面对复杂严峻的外部环境和新冠疫情影响，苏州市上下高效统筹疫情防控和经济社会发展，全面实施国家、省、市稳住经济一揽子政策，有效应对内外部挑战，经济运行走出了"平稳开局、承压见韧、快速修复、持续向好"的非常历程，显示了苏州经济稳中有进的发展韧性和创新活力。2022年，全市接待国内外游客总量11 273.46万人，位居全国城市第四，人均旅游总收入达2033.4元。苏州市不断延伸休闲产业链，围绕"全域旅游"发展模式，主动实施"旅游+农业"战略，成功培育全国休闲农业重点县1个、中国美丽休闲乡村13个。从"景点旅游"迈向"全域旅游"，旅游产品经营模式从单一化向多元化、品牌化转变，这一系列的转型升级彰显了苏州旅游休闲发展之路独特的示范价值，其形成的合力也推动苏州加快

[①] 苏州市人民政府.苏州市国民经济和社会发展第十四个五年规划［R/OL］.（2021-03-10）［2023-09-25］.https：//www.suzhou.gov.cn/szsrmzf/zfwj/202103/0c7ae53f37c94572bb75ce3c888b684d.shtml.

[②] 苏州市人民政府.2022年苏州市国民经济和社会发展统计公报［R/OL］.（2023-03-10）［2023-09-25］.https：//www.suzhou.gov.cn/szsrmzf/ndgmjjhshfztjsjfb/202303/cb4c9f0a234e453f8a2fc19a5049475c.shtml.

建设"文化旅游之城"。

上海市休闲经济排名全国第二，延续2021年稳居前三，在全国处于领先地位。"黄浦浪花千尘雪，东方明珠百度春"，上海作为国务院批复确定的中国国际经济、金融、贸易、航运、科技创新中心，其人口庞大，基础资源丰富，人民生活富足。2022年上海市常住人口已接近2500万人，是长三角城市集群中当之无愧的核心城市。根据《2022年上海市国民经济和社会发展统计公报》统计，2022年上海经济总量继续保持全国经济中心城市首位；实际使用外资超过235亿美元，规模创历史新高；跨国公司地区总部、外资研发中心分别新增60家和25家，累计分别达到891家和531家；创新型企业加快成长，新增国家级专精特新"小巨人"243家，有效期内高新技术企业超过2.2万家[①]，上海的发展活力持续显现。在疫情蔓延的背景下，金融业成为上海市经济发展的一个亮点。2022年上海市金融业增加值8626.31亿元，比2021年增长5.2%。上海金融改革创新实现新突破，启动国际再保险业务平台建设，支持"沪伦通"拓展至瑞士、德国等欧洲主要市场，推进数字人民币试点和资本市场金融科技创新试点，中证1000股指期货和期权、上证50股指期权、中证500ETF期权等产品推出，全年新增持牌金融机构52家。上海大都市圈科技成果数量持续增长，科技创新质量逐渐提升。全年专利授权量为17.83万件。其中，发明专利授权3.68万件，比2021年增长12%。全年PCT国际专利申请量为5591件，比2021年增长15.8%。至年末，全市有效专利达80.11万件。近年来，上海提出了建设"全球城市"和"世界著名旅游城市"的发展目标，以旅游标准化工作为手段，进一步提升旅游业发展水平是上海旅游发展的重要工作内容。2022年上海国际旅游度假区成功创建为国家级旅游度假区，开通苏州河旅游水上航线，打造都市旅游，绽放上海美好生活的"城市秀带"；第33届上海旅游节以"最上海、苏州河"为主题向心而生，12小时全媒体大直播传播量超2.6亿人次；第四届上海国际艺术品交易周汇聚超百家中外画廊、超百亿元艺术品货值，奠定"全球艺场、上海时间"格局[②]。

---

① 上海市统计局.2022年上海市国民经济和社会发展统计公报［R/OL］.（2023-03-22）［2023-09-25］.https：//tjj.sh.gov.cn/tjgb/20230317/6bb2cf0811ab41eb8ae397c8f8577e00.html.

② 上海文旅党建.2022上海文旅"成绩单"［EB/OL］.（2023-01-20）［2023-09-25］.https：//mp.weixin.qq.com/s/Do-hs_bjLDCfuBVHL6bjsw.

深圳市仍保持2021年名次，高居休闲经济排名全国第三。从默默无闻的边陲小镇，到具有全球影响力的现代化国际大都市，40多年间，深圳成为中国经济发展的前沿样本。2022年深圳大力实施推动经济社会高质量发展"十大计划"，经济增长实现三个突破：经济总量达3.24万亿元，增长3.3%，高于全国、全省[①]。立足本地、放眼全国、胸怀全世界抓好消费转型升级，深圳大力引进培育面向全国的企业和业务以及联通世界的平台和商品，充分发挥消费拉动经济增长的基础性作用。2022年初，《关于深圳建设中国特色社会主义先行示范区放宽市场准入若干特别措施的意见》印发，围绕科技、金融、医疗、教育文化、交通等6大领域推出24条具体措施，放宽准入限制、优化准入环境、破除准入壁垒，建设更高水平的社会主义市场经济体制[②]。2023年前三季度，全市实现社会消费品零售总额7646.98亿元，同比增长7.9%；9月当月同比增长4.3%。商业消费"新势力"不断在深圳崛起。深圳市出台"促消费21条"，创新举办"2023深圳购物季"活动，线上线下推出680场促消费活动；加快引进知名品牌和小众潮牌，前三季新开首店、旗舰店、新业态店805家；出台《深圳市推进直播电商高质量发展行动方案（2023—2025年）》，培育新增4家有全国影响力的直播基地，前三季度线上网络零售额1406.16亿元，同比增长29.6%。深圳以"立足湾区、辐射全国、面向全球"为导向，锚定"世界级"多点发力，推动新兴商圈加速崛起、存量商圈提档升级，吸引更多优质消费资源布局深圳，为深圳建设具有全球重要影响力的消费中心增动能添活力。

六、最佳休闲消费城市建设

（一）总体特征

最佳休闲消费城市的特征如下：一是人均社会消费品零售总额高。购物是休闲活动的重要内容之一，在南京市、苏州市等地，这一数字更是高达107 665元和123 192元。休闲消费水平高的城市，其社会消费品零售额都很高。二是每万

[①] 深圳政府.深圳市2022年国民经济和社会发展计划执行情况［R/OL］.（2023-03-15）［2023-09-25］. http：//www.sz.gov.cn/zfgb/2023/gb1278/content/post_10484082.html.

[②] 南方日报.五年里深圳经济总量由2万亿元稳步站上3万亿元新台阶［EB/OL］.（2022-04-13）［2023-09-25］. https：//www.gd.gov.cn/gdywdt/dsdt/content/post_3909161.html.

人移动电话用户数多。移动电话的使用本身是休闲活动的重要组成部分,且移动电话用户数还可以反映出城市的信息化水平。总体而言,休闲水平越高的城市,移动电话使用率越高,移动电话用户数量更多。三是城镇居民人均可支配收入高。人均收入可支配收入是休闲消费开支的重要决定性因素,如上海市、北京市、苏州市,人均可支配收入分别达到 82 429 元、81 518 元、76 888 元,全国前十城市在该指标上都突破了 7 万的数目,休闲消费水平高的城市的一个重要特征就是人均可支配收入高。四是恩格尔系数低。恩格尔系数是指食品支出总额占个人/家庭消费支出总额的比重。随着家庭收入的增加,家庭收入中用于购买食物的支出比例会下降。食物所占总支出比例越少,则用于满足健康娱乐和精神需求的开支必然增长。休闲消费就包含这个层次,因此,休闲消费水平高的城市的恩格尔系数相对会较低。五是人均地区生产总值。人均地区生产总值是衡量区域生活水平的重要指标,如位居本领域前三的玉溪市、克拉玛依市、北京市,其人均地区生产总值分别高达 241 770 元、205 941 元、183 980 元。城市休闲市场的主体是本市居民,因此,较高的人均产值,一般而言也意味着较大的休闲消费潜力。图 3-11 所示为休闲生活与消费指数不同排行区间内各区域城市所占个数。图 3-12 所示为休闲生活与消费指数不同排行区间内各区域城市所占比重。

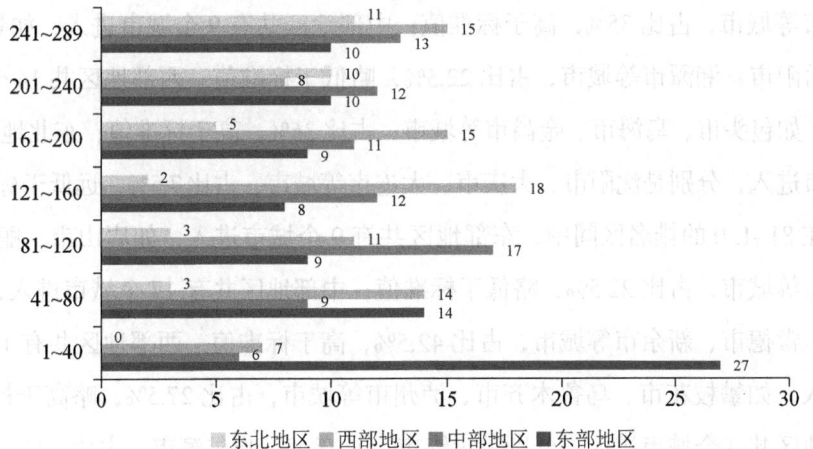

图 3-11　休闲生活与消费指数不同排行区间内各区域城市所占个数

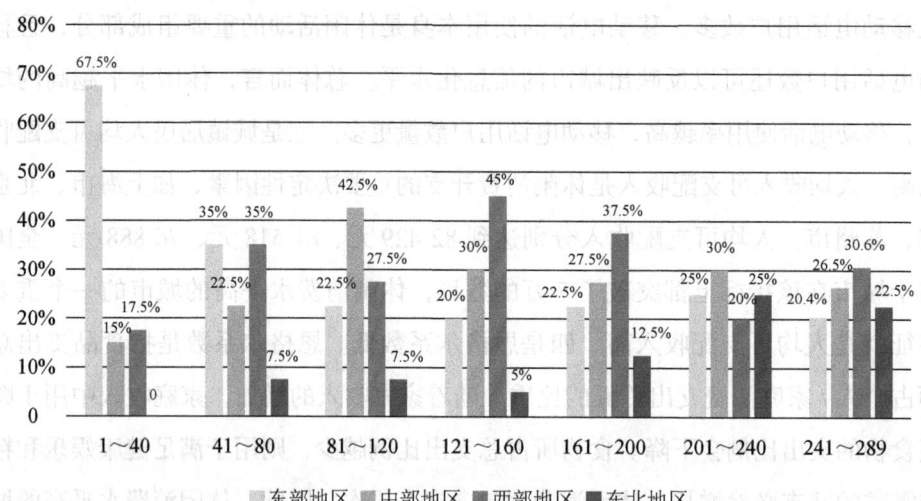

图3-12　休闲生活与消费指数不同排行区间内各区域城市所占比重

从休闲生活与消费指数的总体排名来看，在1~40的排名中，东部地区有27个城市进入，如宁波市、杭州市、上海市等城市，占比67.5%，远高于标准值；中部地区共有6个城市进入，如合肥市、长沙市、南昌市等城市，占比15%，未达到标准值；西部地区共有7个城市进入，如拉萨市、玉溪市、克拉玛依市，占比17.5%，未达到标准值；东北地区未进入排名前40。

在41~80的排名区间中，东部地区共有14个城市进入，如东营市、济南市、泉州市等城市，占比35%，高于标准值；中部地区共有9个城市进入，如景德镇市、岳阳市、湘潭市等城市，占比22.5%，略低于标准值；西部地区共14个城市进入，如包头市、乌海市、金昌市等城市，占比35%，高于标准值；东北地区共3个城市进入，分别是沈阳市、大庆市、大连市等城市，占比7.5%，远低于标准值。

在81~120的排名区间中，东部地区共有9个城市进入，如唐山市、丽水市、衢州市等城市，占比22.5%，略低于标准值；中部地区共有17个城市进入，如株洲市、常德市、新余市等城市，占比42.5%，高于标准值；西部地区共有11个城市进入，如攀枝花市、乌鲁木齐市、泸州市等城市，占比27.5%，略高于标准值；东北地区共3个城市进入，分别是盘锦市、长春市、哈尔滨市，占比7.5%，远低于标准值。

在121~160的排名区间中，东部地区共有8个城市进入，如沧州市、南平市、连云港市等城市，占比20%，低于标准值；中部地区共有12个城市进入，如荆州市、郴州市、滁州市等城市，占比30%，高于标准值；西部地区共有18个城市进入，如宜宾市、自贡市、防城港市等城市，占比45%，远高于标准值；东北地区共2个城市进入，分别是营口市、通化市，占比5%，远低于标准值。

在161~200的排名区间中，东部地区共有9个城市进入，如济宁市、阳江市、临沂市等城市，占比22.5%，略低于标准值；中部地区共有11个城市进入，如黄冈市、平顶山市、娄底市等城市，占比27.5%，略高于标准值；西部地区共有15个城市进入，如铜川市、雅安市、南充市等城市，占比37.5%，高于标准值；东北地区共5个城市进入，如本溪市、松原市、鞍山市等城市，占比12.5%，低于标准值。

在201~240的排名区间中，东部地区共有10个城市进入，如河源市、张家口市、茂名市等城市，占比25%，与标准值持平；中部地区共有12个城市进入，如长治市、朔州市、阜阳市等城市，占比30%，高于标准值；西部地区共有8个城市进入，如白银市、广安市、来宾市等城市，占比20%，低于标准值；东北地区共10个城市进入，如鸡西市、抚顺市、四平市等城市，占比25%，与标准值持平。

在241~289的排名区间中，东部地区共有10个城市进入，如辽源市、丹东市、阳江市等城市，占比20.4%，低于标准值；中部地区共有13个城市进入，如宜春市、孝感市等城市，占比26.5%，略高于标准值；西部地区共有15个城市进入，如平凉市、资阳市、固原市等城市，占比30.6%，高于标准值；东北地区共11个城市进入，如阜新市、吉林市、齐齐哈尔市等城市，占比22.5%，略低于标准值。

从以上整体排名分析可知，东部地区的城市在整个排行区间中，集中分布在最前部，平均分布在中部和西部，东北地区的城市在整个排行区间中集中分布在最后部。说明东部地区城市休闲消费水平发展较高，但发展格局并不均衡；中部及西部地区的城市主要分布在排名的中部，相对于东部地区些许逊色，表现并不突出，缺乏水平较高的休闲消费城市；东北地区城市的排名集中在最后部分，其休闲生活消费水平尤其低。这个排名主要受城镇居民人均可支配收入和人均社会消费品零售总额的影响，中、西部以及东北地区仍需要大力发展经济，提高地区人民的休闲生活消费水平。

（二）建设经验

宁波市经济发展水平及休闲消费水平始终保持全国的领先地位，本年度在最佳休闲消费城市中位列第一。2022年，宁波居民人均消费支出42 997元，同比增长6.2%。分城乡看，城镇居民人均消费支出47 916元，同比增长5.6%；农村居民人均消费支出29 514元，同比增长7.5%。宁波着力盘活存量、扩大增量，持续发力供给侧、激活消费端，积极引导城乡居民扩大文旅消费的一系列努力取得了良好效果。作为首批国家全域旅游示范区、中国旅游休闲示范城市，2022年，该市旅游产业逆势上扬，全年累计接待国内外游客5083.6万人次，国内旅游收入775.6亿元，入境旅游收入990.2万美元，分别恢复到疫情前的九成以上水平。年末全市共有星级酒店75家，其中五星级21家；共有4A级以上景区37处，其中5A级2处；共有省级以上旅游度假区9处，其中国家级1处[①]，有效带动全市旅游复苏。宁波还先后出台《关于打赢疫情防控阻击战帮扶中小企业共渡难关的十八条政策意见》《宁波市人民政府关于有效应对疫情促进服务业平稳健康发展的意见》等一揽子应对疫情政策措施，安排6400万元文旅产业纾困帮扶资金，受惠文旅企业总数超过1200家（次），文旅经济恢复程度领先于其他地区。搭建宽领域、多样化服务平台，助力文旅企业做大做强[②]。《宁波市文化和旅游发展"十四五"规划》中明确表示，未来五年，宁波将聚焦高质量发展主题，重点建设大运河（宁波段）国家文化公园、宁波史前遗址保护利用示范区、浙东山水诗路文化旅游带、象山港湾滨海旅游休闲区、宁波前湾现代文旅产业集聚区、宁波南湾海洋旅游示范区六大重点板块，不断提升文化事业、文化产业和旅游业整体竞争力，努力建成辐射宁波都市圈、服务长三角、面向全国的新时代文化高地和现代化滨海旅游名城[③]。

杭州市不断提升休闲消费水平，在最佳休闲消费城市排名中从2021年的第五名升至第二名。杭州市统计局数据显示，2022年，杭州市常住总人口1237.6万人，实现地区生产总值18 753亿元，人均地区生产总值152 588元[④]。此外，最新出炉的杭州2023年前三季报出炉显示，杭州GDP增速5.8%，服务业增加值

---

① 宁波市统计局.宁波市2022年国民经济和社会发展统计公报［R/OL］.（2023-03-14）［2023-09-25］. http：//www.tjcn.org/tjgb/11zj/37304.html.
② 中国文化报.构建优越文旅政策环境，促推产业逆势上扬［EB/OL］.（2022-06-28）［2023-09-25］. https：//www.mct.gov.cn/whzx/qgwhxxlb/zj/202206/t20220628_934165.htm.
③ 宁波日报.宁波未来五年全力打造"文化高地、旅游名城"［EB/OL］.（2022-01-07）［2023-09-25］. http：//swj.ningbo.gov.cn/art/2022/1/7/art_1229051993_58927391.html.
④ 杭州市统计局.2022年杭州市国民经济和社会发展统计公报［R/OL］.（2023-03-20）［2023-09-25］. http：//tjj.hangzhou.gov.cn/art/2023/3/20/art_1229279682_4149703.html.

首破万亿元，工业平稳恢复，服务业支撑有力。2023年前三季度，杭州服务业增加值10 090亿元，同比增长7.8%。老百姓的"钱袋子"也在鼓起来，杭州居民人均可支配收入59 125元，同比增长5.4%[①]。近年来，飞速发展的互联网产业让杭州从最具幸福感和烟火气的休闲城市完美转型为中国数字一线城市。"十四五"期间，杭州提出：高水平打造"数智杭州·宜居天堂"，加快建设社会主义现代化国际大都市。在疫情反复的2022年，杭州市充分发挥互联网优势动能，在线上零售持续发力。1~3月，全市限额以上批零业通过公共网络实现零售额405.2亿元，增长29.8%，占限上社零额37.7%，拉动全市社零6.2个百分点。与此同时，杭州市网络零售额已达到1万亿元规模，在当前疫情、物流、成本等问题影响下，保持原有的高速增长存在现实压力[②]。杭州市大力发展夜经济带动全市消费，2020年举办的"2020文旅市集·杭州奇妙夜"，参观人数达11.8万人次，拉动消费总额3008万元，媒体曝光量1.5亿人次，直播活动在线观看人数达1000万人次。该活动涵盖非遗、美食、文创、演艺、酒店等十余个业态，构成杭派国潮、非遗课堂、月光美食、杭州书房、文旅超市等10个单元，吸引了包括长三角城市在内的近200家文化和旅游品牌参与。该活动打造了集展示、演艺、体验、消费于一身的新夜间市集模式，搭建起长三角城市互动、线上直播与线下展销联动的优质平台，全面打响"新消费·醉杭州"品牌[③]。

上海经济建设一直取得瞩目的成就，是名副其实的中国消费第一城，2022年休闲消费城市排名仍稳居第三。作为长三角发展的核心城市，上海已经率先进入全域休闲化发展阶段。相关调研数据显示，餐饮、文娱、旅游是上海居民服务消费的三大重点，超八成居民有相关的休闲消费需求，线上服务、健康服务等新兴服务消费领域旺盛发展。居民休闲消费享受型、发展型特征趋势已经形成，休闲生活方式与内容日益丰富。上海市人均社会消费品零售总额、城镇居民人均可支配收入以及人均地区生产总值等始终首屈一指。2022年上海市居民人均可支

---

① 杭州市人民政府.2023年上半年度杭州市消费市场运行情况分析［R/OL］.(2023-08-02)［2023-09-25］. https://www.hangzhou.gov.cn/art/2023/8/2/art_1228974806_59085447.html.

② 杭州网.线上零售拉动强劲 杭州市消费市场实现"开门稳"［EB/OL］.(2022-04-28)［2023-09-25］. https://hznews.hangzhou.com.cn/jingji/content/2022-04-28/content_8240441.htm.

③ 腾讯网.探索"互联网+文化和旅游消费"［EB/OL］.(2021-01-27)［2023-09-25］. https://new.qq.com/rain/a/20210127A077CG00.

配收入79 610元，逼近8万元大关，比2021年增长2%。全年实现地区生产总值（GDP）44 652.8亿元，虽比2021年下降0.2%，但仍保持全国最大的经济中心城市地位。其中第三产业增加值33 097.42亿元，增长0.3%，第三产业增加值占地区生产总值的比重为74.1%。2022年全年完成电子商务交易额3.33万亿元，比2021年增长2.7%[①]。上海作为我国最大的消费城市地位持续巩固，2022年，上海社会消费品零售总额1.64万亿元，继续保持全国城市首位；口岸消费品进口总额占全国比重提高到40%以上。时尚潮流引领度更强，连续三年成功举办"五五购物节"，成为打响"上海购物"品牌、加快建设国际消费中心城市的标志性活动。"上海时装周"跃居全球时尚产业指数·时装周活力指数第四，被誉为"亚洲最大订货季"，培育了1000余个国内热销品牌。消费地标显示度更亮，以"一江一河"交汇处的"黄金三角"功能区为核心，建设云集国际国内精品、引领时尚消费潮流、吸引全球消费客群的国际级消费目的地初见成效。"夜上海"城市名声更加响亮。消费模式创新度更强，2022年全市网络购物交易额1.35万亿元。全球零售商集聚度全球城市排名第二，国际知名高端品牌集聚度超过90%。国际化程度更高。2021年上海举办UFI认证国际会展数量达到12个，居全国主要城市首位[②]。2021年9月印发《上海市建设国际消费中心城市实施方案》，强调打造全球消费品集散中心、打响本土制造消费品品牌、打造国际美食之都、扩大文旅休闲消费，全面打响"上海购物"品牌，力争到"十四五"末率先基本建成具有全球影响力、竞争力、美誉度的国际消费中心城市[③]。2022年9月印发的《上海市时尚消费品产业高质量发展行动计划（2022—2025年）》中明确要加快发展上海时尚消费品产业，全力打响上海"四大品牌"，助力提升城市软实力，持续增强城市竞争力和美誉度[④]。

[①] 上海市统计局.2022年上海市国民经济和社会发展统计公报［R/OL］.（2023-03-22）[2023-09-25]. https://tjj.sh.gov.cn/tjgb/20230317/6bb2cf0811ab41eb8ae397c8f8577e00.html.
[②] 澎湃新闻.2023上海促消费放大招［EB/OL］.（2023-03-23）[2023-09-25]. https://www.thepaper.cn/newsDetail_forward_22416050.
[③] 上海市人民政府.上海市建设国际消费中心城市实施方案［R/OL］.（2021-09-18）[2023-09-25]. https://www.shanghai.gov.cn/nw12344/20210918/1e04ac458e5c4ccb9a1ed0533ace1717.html.
[④] 上海市人民政府.上海市时尚消费品产业高质量发展行动计划（2022—2025年）［R/OL］.（2022-12-15）[2023-09-25]. https://www.shanghai.gov.cn/nw12344/20221215/c43c0a976d6f475ca564624e5a3b7aac.html.

第四章 休闲城市区域发展特征

本章主要分析东、中、西部及东北地区在城市形象与美誉指数、休闲空间与环境指数、休闲设施与服务指数、休闲经济与产业指数、休闲生活与消费指数共5个方面的排名分布情况以及各省份在这5个指标方面的表现。

本书中东、中、西部及东北地区的划分将按照国家统计局的发布以及四大经济区域的体量分布对东、中、西部及东北地区的划分进行更新。

东部地区包括北京市、天津市、河北省、上海市、江苏省、浙江省、福建省、山东省、广东省和海南省10个省级行政区。在报告中，东部地区有87个城市参评（含北京市、上海市、天津市3个直辖市），包括河北省的石家庄、邯郸、保定、承德、秦皇岛等11个城市，江苏省的扬州、苏州、南通、常州、南京等13个城市，浙江省的绍兴、杭州、宁波、温州、舟山等11个城市，福建省的泉州、漳州、福州、厦门、龙岩等9个城市，山东省的青岛、淄博、烟台、潍坊、济南等16个城市，广东省的广州、东莞、深圳、珠海、汕头等21个城市，海南省的海口、三亚、儋州3个城市。

中部地区包括山西省、安徽省、江西省、河南省、湖北省、湖南省6个省级行政区。报告中有80个城市参评，包括山西省的太原、大同、长治、晋中、临汾等11个城市，安徽省的黄山、合肥、淮南、马鞍山、阜阳等16个城市，江西省的南昌、景德镇、鹰潭、抚州、新余等11个城市，河南省的郑州、洛阳、南阳、开封、商丘等17个城市，湖北省的武汉、孝感、黄冈、黄石、随州等12个城市，湖南省的长沙、岳阳、张家界、永州、娄底等13个城市。

西部地区包括内蒙古自治区、广西壮族自治区、重庆市、四川省、贵州省、云南省、西藏自治区、陕西省、甘肃省、青海省、宁夏回族自治区和新疆维吾尔自治区12省级行政区。报告中有88个城市参评（含重庆市），包括内蒙古自治区的鄂尔多斯、呼和浩特、包头、乌兰察布、呼伦贝尔等9个城市，广西壮族自治区的南宁、桂林、玉林、防城港等14个城市，四川省的成都、德阳、巴中、眉山、攀枝花等18个城市，贵州省的贵阳、遵义、安顺、六盘水、铜仁等6个城市，云南省的丽江、昆明、曲靖、保山、玉溪等8个城市，西藏自治区的拉萨，陕西省的西安、宝鸡、咸阳、延安、铜川等10个城市，甘肃省的酒泉、兰州、天水、张掖、嘉峪关等12个城市，宁夏回族自治区的银川、吴忠、中卫、石嘴山、固原5个城市，青海省的西宁、海东2个城市，新疆维吾尔自治区的克拉玛依、乌鲁木齐2个城市。

东北地区包括辽宁省、吉林省和黑龙江省3个省级行政区，报告中有34个城市参评，包括辽宁省的沈阳、大连、鞍山、本溪、盘锦等14个城市，吉林省的长春、松原、辽源等8个城市，黑龙江省的哈尔滨、齐齐哈尔、大庆、佳木斯、七台河等12个城市。

一、总体特征分析

（一）东、中、西及东北地区总体特征

我国幅员辽阔，社会经济发展不平衡，东、中、西及东北地区城市休闲化发展水平也存在着一定的差异。由于今年对评价指标体系及指标权重进行了更新，数据分析结果较之前版本有所差异。数据分析将通过对各部分的数据进行平均数的计算，来初步判定东、中、西及东北地区的整体发展情况，通过差异系数来发现各区域内发展是否平衡。表4-1为东、中、西及东北地区各指标均值。

表4-1 东、中、西及东北地区各指标均值

指标	统计	东部	中部	西部	东北地区	均值比较
指数总分	均值	31.66	26.31	26.61	24.16	东部＞西部＞中部＞东北
	差异系数	0.24	0.17	0.19	0.17	
城市形象与美誉	均值	3.81	2.52	2.25	1.50	西部＞东部＞西部＞东北
	差异系数	0.60	0.54	0.77	0.95	
休闲空间与环境	均值	12.02	11.26	11.78	11.29	东部＞西部＞东北＞中部
	差异系数	0.10	0.13	0.10	0.10	

续表

指标	统计	东部	中部	西部	东北地区	均值比较
休闲设施与服务	均值	4.05	3.85	4.20	3.94	西部>东部>东北>中部
	差异系数	0.40	0.38	0.46	0.35	
休闲经济与产业	均值	5.64	4.01	3.67	3.66	东部>中部>西部>东北
	差异系数	0.34	0.22	0.34	0.30	
休闲生活与消费	均值	6.14	4.67	4.71	3.77	东部>西部>中部>东北
	差异系数	0.43	0.31	0.31	0.33	

从总分平均值来看，东部地区城市休闲发展水平处于领先地位，西部、中部次之，东北地区落后，总体持续呈现"东部领先，西部赶超，中部追随，东北落后"的局面。从得分差异系数来看，东部地区差异系数最大，说明地区内部城市发展不均在东部最为明显。城市形象与美誉方面，东部地区城市有明显优势，拥有较多数量的国家级非物质文化遗产及各类荣誉称号。休闲空间与环境方面，东部经济发展水平最高，其休闲空间维护、科技发展水平以及医疗资源表现较优，此项的得分最高。西部因拥有广袤的土地资源，人口密度较小而且人均公园绿地资源丰富，使得在此项指标下的分值仅次于东部。休闲设施与服务方面，西部地区得分跃居第一，但其差异系数较大，区域内部发展不均衡明显；东部地区依托较强的经济实力，相关设施的建设和布局相对完善；东北、中部地区的表现稍显逊色。休闲经济与产业方面，东部地区显著领先中、西及东北地区，且发展水平相差较大；区域内部发展差异方面，东、西部地区内部发展差异最明显，东北地区次之，中部地区相对均衡。休闲生活与消费方面，由于东部经济发展水平高，因此在得分上明显高于中、西部地区。

（二）31个省级行政区休闲化发展总体分析

除了从均值以及平方差两组数据对各区域的休闲发展情况做整体性描述外，为进一步分析各区域各省级行政区的具体发展情况，我们对各省级行政区内城市的休闲指数及分指数进行了描述性统计（均值），并描绘出图4-1和图4-2，从更具体的得分区间把握区域间以及区域内各方面的发展程度。将31个省级行政区的休闲指数得分降序排列并依据排名划分1~8名、9~16名、17~24名、25~31名共4个区间，分别对应发展落后、有待发展、发展良好、发展领先4个梯队。

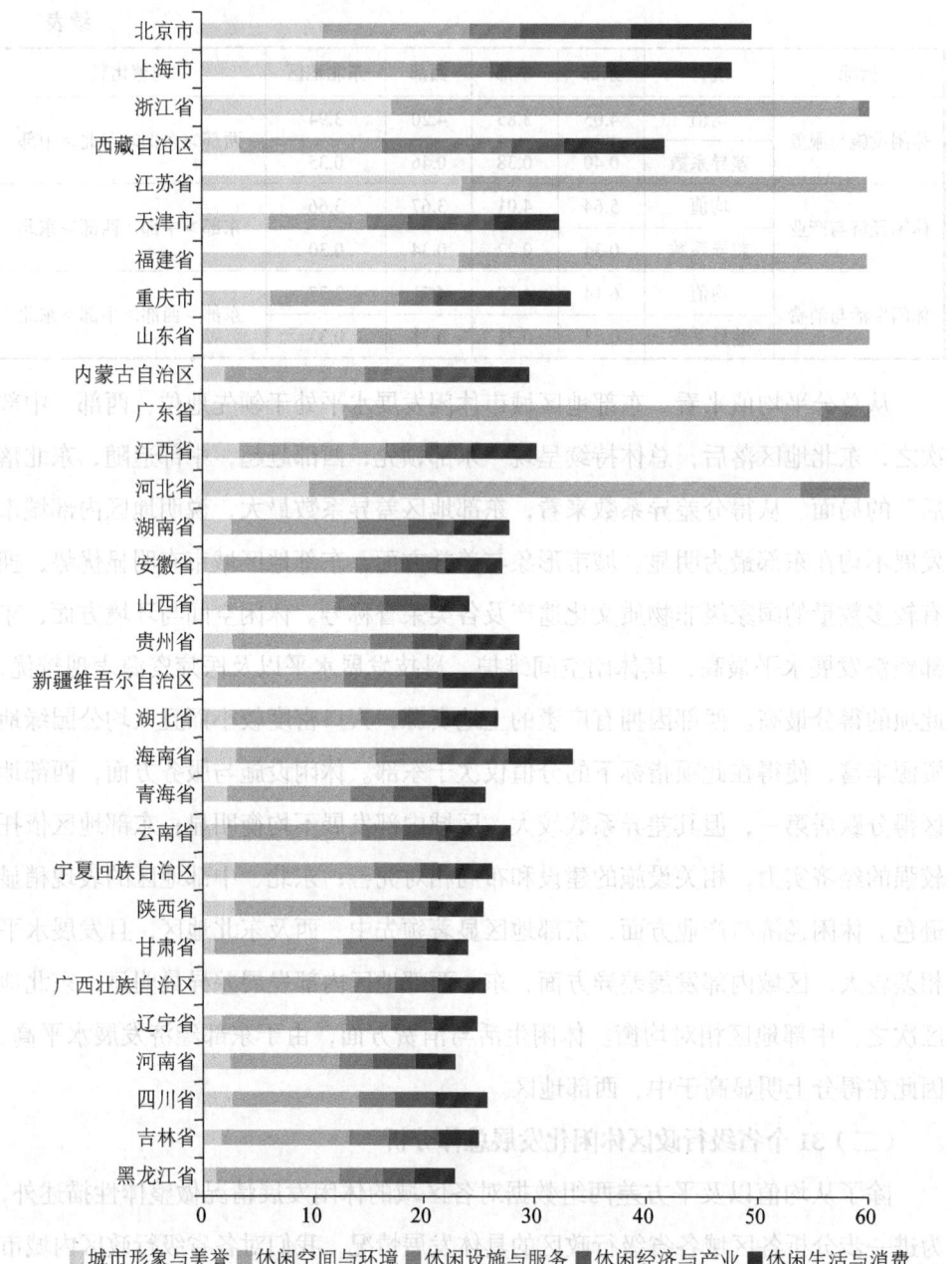

图 4-1 31 个省级行政区城市休闲指数及分指数

如图 4-1、图 4-2 所示,第一梯队包括福建、江苏、浙江、山东、广东、河北、北京、上海 8 地,皆为东部地区,一骑绝尘,遥遥领先。第二梯队包括西藏自治区、海南、重庆、天津、江西、内蒙古自治区、贵州、新疆维吾尔自治区 8

地,此梯队中,西部地区占主导地位,5个省份上榜,东部地区紧随其后共有2个省份上榜,中部地区仅有1个。第三梯队包括湖北、宁夏、四川、云南、安徽、湖南、广西壮族自治区、青海,西部地区以5席占据主导地位,除此之外,中部地区占据3席,东部地区未上榜。第四梯队包括青海、陕西、吉林、辽宁、山西、河南、甘肃、黑龙江,西部及东北地区占据3席,中部地区占据2席。

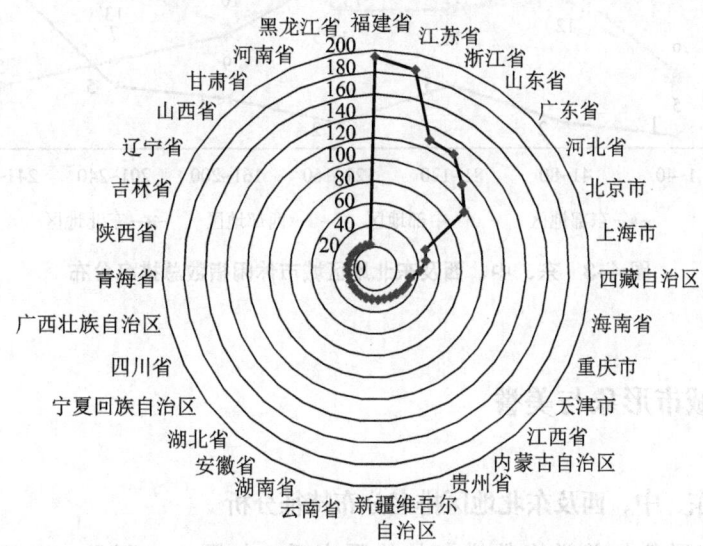

图4-2　31个省级行政区城市休闲指数总分均值

从图4-1、图4-2、图4-3可以看出城市休闲化水平不仅在东、中、西、东北地区之间存在差距,在各区域内部也存在着差距。榜单前40名中,东部地区占据28席,占比70%,四大地区之中遥遥领先;榜单41~80的排名中,东部及西部地区皆占据13席,中部紧随其后占据12。长三角、珠三角两大区域的城市大多位居榜单前列,而东北地区的城市大多处于榜单最末尾,有待进一步发展。中、西部地区城市在总体排名中分布较为均衡,但同时也都存在"头轻脚重"的情况,尽管有发展程度较好的休闲城市,例如鄂尔多斯市(第8名)、成都市(第10名)、拉萨市(第13名),但得分排名位于总体后50%(位列145名及之后)的城市占比高达36.6%,存在较大的进步空间。

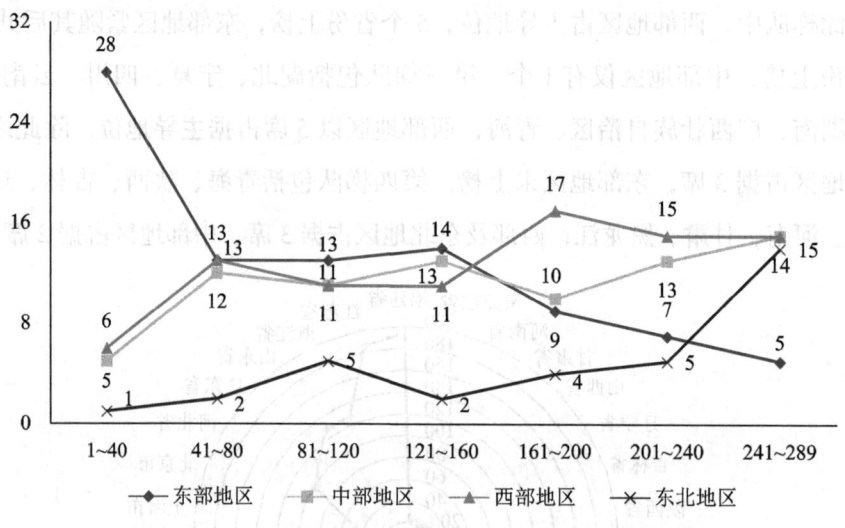

图 4-3 东、中、西及东北地区城市休闲指数总排名分布

二、城市形象与美誉

(一)东、中、西及东北地区排名分布特征分析

从城市形象与美誉指数排名趋势图来看,如图 4-4 所示,东部地区指数排名折线大体上呈现下降趋势,排名前 120 的城市数量依旧领先,中部地区指数排名折线则呈现上升后平稳波动的趋势,西部地区指数排名折线呈波动上升趋势,东北地区则属于平稳偏低,后升高趋势。东部地区城市分布在排名前部分的居多,中部地区城市分布在排名区间中间部分的居多,而西部及东北地区城市分布在排名区间后部分的居多。由此可见,东部地区的城市形象与美誉指数发展水平最高,中部地区次之,西部地区有待提升,东北地区则是落后状态。

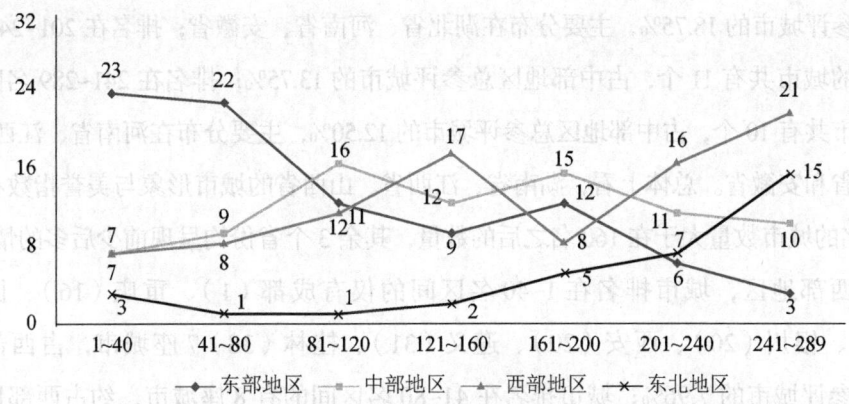

图 4-4　东、中、西及东北地区城市形象与美誉指数排名分布

东部地区，城市形象与美誉指数排名在 1~40 名区间的共有 23 座城市，占东部地区总参评城市的 26.44%，除北京（2）、上海（4）、天津（19）外，其他城市主要分布在浙江省、山东省、江苏省和福建省；排名在 41~80 名区间的城市共有 22 个，占东部地区总参评城市的 25.29%，主要分布在河北省、浙江省、广东省和山东省；排名在 81~120 名区间的城市共有 12 个，约占东部地区总参评城市的 13.79%，主要分布在浙江省、广东省、江苏省和福建省；排名在 121~160 名区间的城市共有 9 个，约占东部地区总参评城市的 10.34%，主要分布在广东省和山东省；排名在 161~200 名区间的城市共有 12 个，约占东部地区总参评城市的 13.79%，主要分布在河北省、广东省和浙江省；排名在 201~240 名区间的城市共 6 个，约占东部地区总参评城市的 6.9%，主要分布在山东省、广东省和海南省；排名在 241~289 名区间的城市共有 3 个，约占东部地区总参评城市的 3.45%，分别是河北省、广东省和山东省。总体来看，城市形象与美誉指数排名前 160 的城市多分布在浙江省与福建省。

中部地区，城市排名在 1~40 名区间的共有 7 座城市，约占中部地区总参评城市的 8.75%；排名在 41~80 名区间的城市共有 9 个，约占中部地区总参评城市的 11.25%，中部地区的 6 个省份均有城市上榜；排名在 81~120 名区间的城市共有 16 个，约占中部地区总参评城市的 20%，主要分布在山西省、江西省和湖南省；排名在 121~160 名区间的城市共有 12 个，约占中部地区总参评城市的 15%，主要分布在河南省、湖南省和安徽省；排名在 161~200 名区间的城市共有 15 个，占中部地区总参评城市的18.75%，主要分布在湖北省、河南省、安徽省；排名在201~240名区间的城市共有11个，占中部地区总参评城市的13.75%；排名在241~289名区间的城市共有10个，占中部地区总参评城市的12.50%，主要分布在河南省、江西省、湖南省和安徽省。总体上看，湖南省、江西省、山西省的城市形象与美誉指数在前160名的城市数量大于在160名之后的数量，其余3个省份均呈现前少后多的情况。

西部地区，城市排名在1~40名区间的仅有成都（1）、重庆（16）、昆明（18）、银川（20）、西安（20）、遵义（31）、桂林（38）7座城市，占西部地区总参评城市的7.96%；城市排名在41~80名区间的有8座城市，约占西部地区总参评城市的9.09%，主要分布于陕西省、内蒙古自治区、广西壮族自治区和四川省；城市排名在81~120名区间的共有11座城市，约占西部地区总参评城市的12.5%，主要分布于西藏自治区、内蒙古自治区、云南省、四川省、陕西省和甘肃省；城市排名在121~160名区间的有17座城市，约占西部地区总参评城市的19.32%；城市排名在161~200名区间的共有8座城市，约占西部地区总参评城市的9.09%；城市排名在201~240名区间的共有16座城市，约占西部地区总参评城市的18.18%，主要分布于广西壮族自治区、内蒙古自治区、甘肃省、青海省和新疆维吾尔自治区；城市排名在241~289名区间的共有21座城市，约占西部地区总参评城市的23.86%，是西部地区各排名区间内城市数量最多的，主要分布在四川省（4座）、广西壮族自治区（4座）、甘肃省（9座）、内蒙古自治区（2座）、云南省（1座）。整体上看，西部地区各地的城市形象与美誉的构建水平较落后，大多数省份城市排名集中在160名之后，相较之下，陕西省、贵州省、云南省共3个省份排名在160名之前的比重大于或等于半数，发展较好。

东北地区，城市排名在1~40名区间的有3座城市，占东北地区总参评城市的8.82%，分别是哈尔滨市（28）、大连市（30）、沈阳市（32）；城市排名在41~80名区间的仅有长春市（64）1座东北城市，占东北地区总参评城市的2.94%；在81~120名区间的仅有吉林市（83）1座城市，约占东北地区总参评城市的2.94%；城市排名在121~160名区间的有2座城市，约占东北地区总参评城市的5.88%，分别是辽阳市（152）、本溪市（159）；城市排名在161~200名区间的共有5座城市，约占东北地区总参评城市的14.71%，分别是伊春市（169）、白山市（174）、盘锦市（180）、鞍山市（188）、齐齐哈尔市（200）；城市排名在 201~240 名区间的共有 7 座城市，约占东北地区总参评城市的 20.59%，分别是四平市（212）、牡丹江市（214）、丹东市（224）、葫芦岛市（229）、松原市（233）、朝阳市（239）等；城市排名在 241~289 名区间的共有 15 座城市，约占东北地区总参评城市的 44.12%，是东北地区各排名区间内城市数量最多的。整体上看，东北地区各地的城市形象与美誉水平较低，大多数省份城市排名集中在 160 名之后。

（二）31 个省级行政区城市形象与美誉发展特征分析

城市形象与美誉水平通过荣誉称号和国家级非物质文化遗产数共 2 个指标来衡量。如图 4-5 所示，31 个省（自治区、直辖市）的城市形象与美誉构建水平发展很不均衡，整体呈现出"东部地区位于最前端，中、西部地区省份交错位于中后端，东北地区则集中于后端"的发展特征。第一梯队包括上海市、山东省、北京市、广东省、河北省、浙江省、江苏省、福建省，皆为东部地区，城市形象与美誉指标均值在 9.65 到 23.21 之间。第二梯队包括西藏自治区、海南省、重庆市、天津市、陕西省、宁夏回族自治区、贵州省、江西省，以西部地区为主，东北地区未在这一梯队，指标均值在 2.72 到 6.19 之间。第三梯队包括湖南省、湖北省、云南省、四川省、河南省、青海省、山西省，主要分布于中、西部地区，指标均值在 2.23 到 2.67 之间。第四梯队包括广西壮族自治区、辽宁省、安徽省、甘肃省、吉林省、黑龙江省、新疆维吾尔自治区、内蒙古自治区，以西部和东北地区为主，指标均值在 1.04 到 1.94 之间。

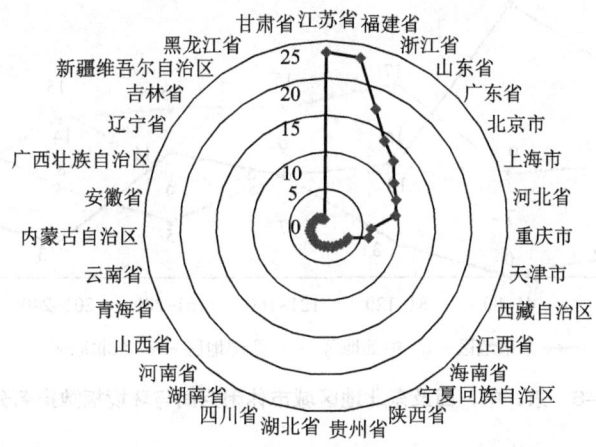

图 4-5　31 个省级行政区城市形象与美誉指数均值

江苏省、福建省、浙江省、山东省、广东省位列第一梯队的前五名。四大直辖市均获得了国家卫生城市、国家历史文化名城、国家全域旅游示范区、全国文明城市、国家园林城市、国家级夜间文化和旅游消费集聚区、国家级旅游休闲街区7项称号以及部分世界级荣誉称号。截至2022年7月,我国共公布五批国家级非物质文化遗产名录,其中浙江省257项、山东省186项、广东省165项、江苏省161项、福建省145项,皆位居名录前十名。各地在发展城市休闲水平的过程中都很重视口碑建设和IP打造,如江苏省持续打造"水韵江苏"文旅品牌,福建省全力打造"全福游、有全福"旅游品牌等,为当地的城市形象与美誉水平提升保驾护航。

三、休闲空间与环境

(一)东、中、西及东北地区排名分布特征分析

城市休闲空间与环境方面,如图4-6所示,东部地区城市多排在前端,后端数量较少,西部地区各区间城市数量呈现从前到后先增再平稳后降落的趋势,而中部则呈现递增趋势,东北地区集中出现在中后端。总体来看,东部地区在排名1~120的城市数量占比明显高于西部和中部地区,领先优势明显。而中部城市及东北地区近八成位列120名之后,处于末尾分段,城市休闲空间与环境相对较差。

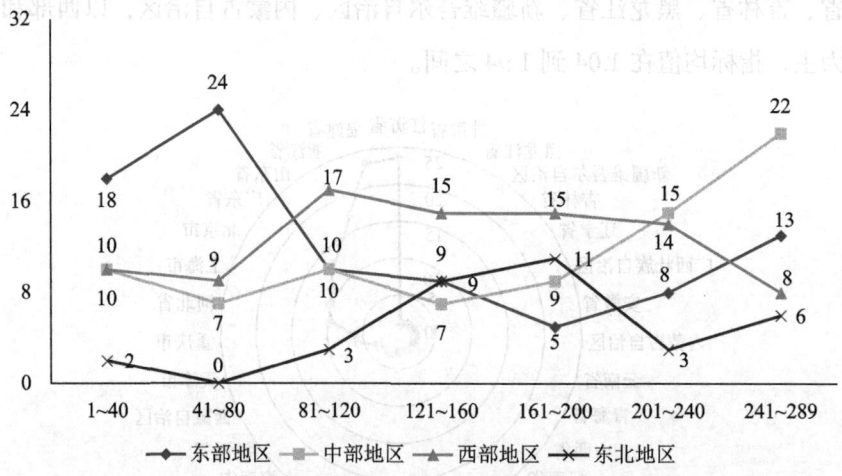

图4-6 东、中、西及东北地区城市休闲空间与环境指数排名分布

东部地区,城市排名在1~40名区间的共有18座城市,约占东部地区总参

评城市的 20.69%，其中山东省威海市位列本项第一，前十名的东部地区城市还有广东省深圳市（7）、福建省龙岩市（8）；排名在 41~80 名区间的城市共有 24 个，约占东部地区总参评城市的 27.59%，主要分布于广东（9 个）、福建（5 个）、浙江（5 个）三省；排名在 81~120 名区间的城市共有 10 个，约占东部地区总参评城市的 11.49%，主要分布于广东（5 个）、山东（2 个）、江苏（3 个）三省；排名在 121~160 名区间的城市共有 9 个，约占东部地区总参评城市的 10.34%，其中以江苏省城市最多（5 个）；排名在 161~200 名区间的城市共有 5 个，约占东部地区总参评城市的 5.75%，主要分布于江苏省（3 个）、河北省（1 个）、山东省（1 个）；排名在 201~240 名区间的城市共有 8 个，约占东部地区总参评城市的 9.2%，主要分布在山东省、河北省；排名在 241~289 名区间的城市共有 13 个，占比为 14.94%，以山东省、河北省为主。东部地区城市空间与环境入围前 160 名城市数量占比中，广东省、福建省、浙江省所有城市均入围。除此之外，江苏省仅有连云港市（162）、常州市（169）、扬州市（171）和淮安市（245）四座城市位列 160 名之后，广东省仅有中山市（209）位列 160 名之后。排名 160 名之后的城市主要来自山东省、河北省。

中部地区，城市排名在 1~40 名区间的共有 10 座城市，约占中部地区总参评城市的 12.5%。江西省是中部地区各排名区间内城市数量最多的，有 7 座城市排在这个区间，分别是吉安市（4）、新余市（6）、景德镇市（9）、赣州市（13）、九江市（15）、抚州市（20）、宜春市（37），此外安徽省（2 个）和湖北省（1 个）位列这一区间；城市排名在 41~80 名区间的共有 7 座城市，约占中部地区总参评城市的 8.75%，其中江西省 3 个、安徽省 2 个、湖北省 1 个、湖南省 1 个；城市排名在 81~120 名区间的共有 10 座城市，约占中部地区总参评城市的 12.50%，其中安徽省 4 个、河南省 2 个、湖北省 2 个、湖南省 2 个；城市排名在 121~160 名区间的共有 7 座城市，约占中部地区总参评城市的 8.75%，主要来自湖北省、安徽省和湖南省；城市排名在 161~200 名区间的共有 9 座城市，约占中部地区总参评城市的 11.25%，其中湖南省 4 个、湖北省 3 个、安徽省 2 个；城市排名在 201~240 名区间的共有 15 座城市，约占中部地区总参评城市的 18.75%，其中以湖南省、山西省、河南省为主；城市排名在 240~289 名区间的共有 22 座城市，约占中部地区总参评城市的 27.5%，主要来自山西省（7 座）和河南省（12座）。总体来看，排在160之后的中部城市主要集中在山西省和河南省。总体来看，中部地区城市空间与环境排名在160之前的城市主要来自江西省、安徽省、湖南省和湖北省；排名在161名之后的城市主要来自河南省和山西省。

西部地区，城市排名在1~40名区间的共有10座城市，约占西部地区总参评城市的11.36%，其中内蒙古自治区占据3席，分别是鄂尔多斯市（1）、乌兰察布市（14）、赤峰市（23）；排名在41~80名区间的城市共有9个，约占西部地区总参评城市的10.23%，主要分布于云南省（3个）和宁夏回族自治区（2个）；排名在81~120名区间的城市共有17个，约占西部地区总参评城市的19.32%，主要分布于广西壮族自治区（5个）、四川省（5个）、内蒙古自治区（4个）；排名在121~160名区间的城市共有15个，约占西部地区总参评城市的17.05%，主要来自广西壮族自治区（5个）、云南省（3个）、甘肃省（3个）；排名在161~200名区间的城市共有15个，约占西部地区总参评城市的17.05%，主要来自四川省（6个）；排名在201~240名区间的城市共有14个，约占西部地区总参评城市的15.91%，其中四川省4个、陕西省3个，其余来自甘肃省、贵州省、云南省、宁夏回族自治区及新疆维吾尔自治区；排名在241~289名区间的城市共有8个，西部地区参评城市占比最大，为9.09%，其中陕西省占据一半的席位。总体来看，西部地区城市空间及环境水平较高的城市集中在广西壮族自治区，共有11座城市入围前160名，其余5个省份的城市大多数排名在160名之后，其中陕西省全部城市均排名在160名之后。

东北地区，城市排名在1~40名区间有2座城市，占东北地区总参评城市的5.88%，分别是伊春市（3）、本溪市（33）；城市排名在41~80名区间没有东北城市；在81~120名区间的共有3座城市，约占东北地区总参评城市的8.82%，分别是长春市（95）、通化市（99）、葫芦岛市（119）；城市排名在121~160名区间的有9座城市，约占东北地区总参评城市的26.47%，其中辽宁省2个、黑龙江省5个、吉林省2个；城市排名在161~200名区间的共有11座城市，约占东北地区总参评城市的32.35%，其中辽宁省6个、黑龙江省2个、吉林省3个，是东北地区各排名区间内城市数量最多的；城市排名在201~240名区间的共有3座城市，约占东北地区总参评城市的8.82%，分别是营口市（216）、抚顺市（222）、辽源市（239）；城市排名在241~289名区间的共有6座城市，约占东北地区总参评城市的17.65%，其中辽宁省2个、黑龙江省4个。整体上看，东北地区各地的城市空间与环境的构建水平较落后，大多数城市的排名集中在120名之后。

（二）31个省级行政区休闲空间与环境发展特征分析

休闲空间与环境发展水平通过人口密度、空气质量优良率、人均公园绿地面积、建成区绿化覆盖率、人均道路面积、城市生活污水集中处理率、生活垃圾无害化处理率、科技投入、教育投入共9项指标来衡量。如图4-7所示，31个省级行政区的休闲设施与服务发展水平相较其他评价领域，发展相对均衡，整体呈现出"东部地区遥遥领先，中部和西部地区夹杂分布于各梯队，东北地区主要分布在末端"的发展特征。第一梯队包括福建省、江苏省、山东省、河北省、广东省、浙江省、北京市和江西省，中部地区仅占据1席，指标均值在13.26到73.32之间。第二梯队包括西藏自治区、内蒙古自治区、海南省、宁夏回族自治区、贵州省、云南省、安徽省和广西壮族自治区，西部地区占据6席，中部地区仅安徽省1地以及东部地区海南省1地位列这一梯队，指标均值在11.91到12.96之间。第三梯队包括重庆市、湖北省、甘肃省、吉林省、湖南省、四川省、新疆维吾尔自治区、辽宁省，其中东北地区2地、西部地区4地、中部地区2地，东部地区未在这一梯队，指标均值在11.28到11.6之间。第四梯队包括青海省、黑龙江省、上海市、陕西省、河南省、山西省、天津市，指标均值在8.91到11.14之间。

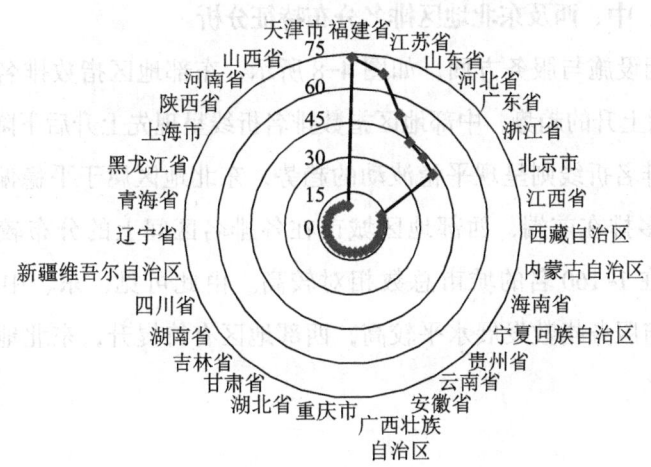

图4-7　31个省级行政区城市休闲空间与环境指数均值

东部地区科技投入、教育投入以及城市管理水平较高，因此前7名皆为东部地区，而生态环境优良是西部地区的突出优势，因此前 20 名中多为西部地区。2022 年，福建省空气质量保持稳定，水环境质量总体改善，土壤环境质量良好，全区生态环境状况进一步改善，休闲空间环境稳步提升，位于榜单第一实至名归。江西省在本领域的排名位居全国第八，是中部地区排名最领先的省份，近年来，该省在生态绿化方面下足了功夫。2022 年，江西省全省完成人工造林 101.2 万亩[①]，占国家下达计划的 197.7%，公布"江西省生态园林城市" 20 个、"江西省生态园林城镇" 31 个，建成"口袋公园" 184 个，水利部门完成水土流失治理面积 421.4 平方千米，全省新增治理水土流失面积 1353.1 平方千米。农业农村部门大力开展村庄环境整治，建设美丽庭院 90 万个、美丽宜居示范带 153 条。文化和旅游部新命名"两山"省级实践创新基地 11 个，新增全国乡村旅游重点村镇 10 个、5A 和 4A 级乡村旅游点 15 个、省级乡村旅游风光带 5 条。江西省国资委指导江铜集团等国有企业开展矿山生态修复，推进绿色矿山建设，新增修复矿山面积 532.9 万平方米[②]……国土绿化事业高质量发展取得了显著成效。

四、休闲设施与服务

（一）东、中、西及东北地区排名分布特征分析

城市休闲设施与服务方面，如图 4-8 所示，东部地区指数排名折线大体上呈现先下降后上升的趋势，中部地区指数排名折线呈现先上升后下降的趋势，西部地区指数排名折线则呈现平稳波动的趋势，东北地区属于平稳偏低。东、西部地区城市多排在前端，西部地区城市在各排名区间上的分布较东、中部均匀，其排名在 1~160 名的城市总数相对较高。由此可见，东、中部地区的城市休闲设施与服务指数发展水平较高，西部地区有待提升，东北地区则是落后状态。

[①] 1 亩 ≈666.7 平方米。
[②] 江西省 2022 年国土绿化状况公报 http://www.nc.gov.cn/ncszf/qsh/202303/e875115b747d4c12930a541409e061a6.shtml。

第四章 休闲城市区域发展特征

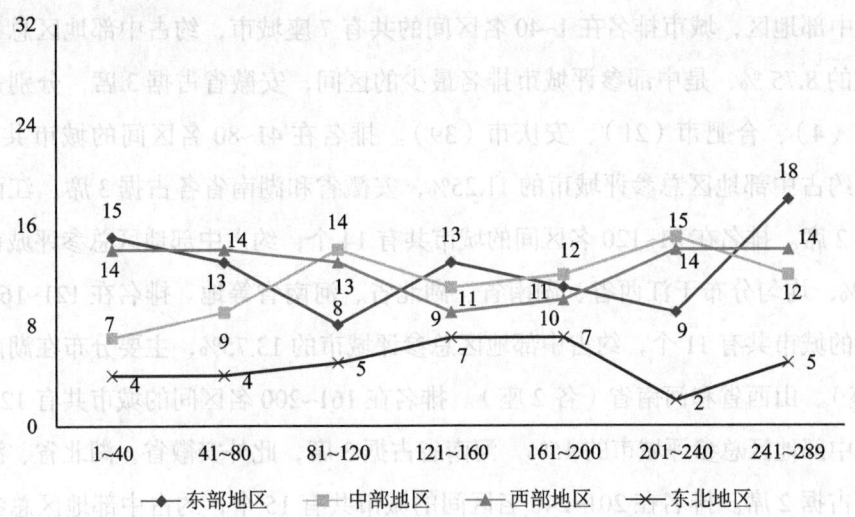

图4-8 东、中、西及东北地区城市休闲设施与服务指数排名分布

东部地区，城市排名在1~40名区间的共有15座城市，约占东部地区总参评城市的17.24%，三亚市以排名第三的成绩位列东部地区城市休闲设施与服务指数排名的第一，前十名的东部地区城市还有浙江省温州市（9）。排名在41~80名区间的城市共有13个，约占东部地区总参评城市的14.94%，主要分布在浙江省、江苏省和广东省，其中包括南京市（47）、深圳市（71）、上海市（72）、常州市（75）等地。排名在81~120名区间的城市共有8个，约占东部地区总参评城市的9.2%，主要分布在江苏省（3座）、浙江省（2座）等地。排名在121~160名区间的城市共有13个，约占东部地区总参评城市的14.94%，主要有济南市（131）、天津市（143）、烟台市（152）等。排名在161~200名区间的城市共有11个，约占东部地区总参评城市的12.64%，集中分布在山东省，其余均衡分布于江苏省、河北省、广东省、福建省等地。排名在201~240名区间的城市共有9个，约占东部地区总参评城市的10.34%，广东省占比最高，有6座城市位列这一区间，其次是山东省。排名在241~289名区间的城市共有18个，约占部地区总参评城市的20.69%，主要分布在广东省和山东省。总体来说，东部地区共有49座城市的排名位列160名之前，占比30.63%。浙江省参评城市全部排在160名之前，江苏省仅有徐州市（167）、连云港市（194）和宿迁市（238）3座城市位列160名之后，而河北省、广东省、黑龙江省有许多城市排在160名之后。

— 75 —

中部地区，城市排名在 1~40 名区间的共有 7 座城市，约占中部地区总参评城市的 8.75%，是中部参评城市排名最少的区间，安徽省占据 3 席，分别是黄山市（4）、合肥市（21）、安庆市（39）。排名在 41~80 名区间的城市共有 9 个，约占中部地区总参评城市的 11.25%，安徽省和湖南省各占据 3 席，江西省占据 2 席。排名在 81~120 名区间的城市共有 14 个，约占中部地区总参评城市的 17.5%，均匀分布于江西省、湖南省、湖北省、河南省等地。排名在 121~160 名区间的城市共有 11 个，约占中部地区总参评城市的 13.75%，主要分布在湖南省（3 座）、山西省和河南省（各 2 座）。排名在 161~200 名区间的城市共有 12 个，约占中部地区总参评城市的 15%，河南省占据 3 席，此外安徽省、湖北省、湖南省各占据 2 席。排名在 201~240 名区间的城市共有 15 个，约占中部地区总参评城市的 18.75%，河南省和江西省各占 4 席。排名在 241~289 名区间的城市共有 12 个，约占中部地区总参评城市的 15%，其中河南省占据 5 席、安徽省占据 3 席、湖北省占据 2 席。总体来说，中部参评城市排在 160 名之前与之后的城市数量平分秋色，分别占中部地区参评城市的 51.25% 和 48.75%。

西部地区，城市排名在 1~40 名区间的共有 14 座城市，约占西部地区总参评城市的 15.91%，主要分布在甘肃省和内蒙古自治区，分别占据 4 席。除此之外，拉萨市（2）、丽江市（5）、克拉玛依市（11）、桂林市（28）、柳州市（40）等也位列在这一区间。城市排名在 41~80 名区间的共有 14 座城市，约占西部地区总参评城市的 15.91%，主要分布于四川省，包括雅安市（57）、攀枝花市（58）、成都市（59）、广元市（61）。城市排名在 81~120 名区间的共有 13 座城市，约占西部地区总参评城市的 14.77%，主要有昆明市（81）、西安市（109）、防城港市（115）等城市。城市排名在 121~160 名区间的共有 9 座城市，约占西部地区总参评城市的 10.23%，主要分布在宁夏回族自治区和甘肃省。城市排名在 161~200 名区间的共有 10 座城市，约占西部地区总参评城市的 11.36%，主要有绵阳市（164）、百色市（178）、重庆市（193）等。城市排名在 201~240 名区间的共有 14 座城市，约占西部地区总参评城市的 15.91%，其中四川省有 5 座城市位于这一排名区间。城市排名在 241~289 名区间的共有 14 座城市，约占西部地区总参评城市的 15.91%，是西部地区各排名区间内城市数量最多的，主要分布在四川省（6 座）、广西壮族自治区（3 座）。总体来说，西部参评城市排在 160

名之前的占比较多，主要分布在甘肃省、内蒙古自治区、宁夏回族自治区、陕西省；排在161名及之后的西部参评城市主要分布在四川省和云南省。

东北地区，城市排名在1~40名区间有4座城市，占东北地区总参评城市的11.76%，分别是黑河市（8）、大庆市（17）、本溪市（34）、伊春市（36）。城市排名在41~80名区间的有4座城市，占东北地区总参评城市的11.76%，分别是大连市（42）、通化市（48）、白山市（51）、盘锦市（70）。在81~120名区间的共有5座城市，约占东北地区总参评城市的14.71%，主要是鞍山市（82）、沈阳市（91）、长春市（99）、锦州市（104）、辽阳市（119）。城市排名在121~160名区间的有7座城市，约占东北地区总参评城市的20.59%，其中辽宁省3座、黑龙江省3座。城市排名在161~200名区间的共有7座城市，约占东北地区总参评城市的20.59%，辽宁省和黑龙江省各占3席。城市排名在201~240名区间的共有2座城市，约占东北地区总参评城市的7.14%，分别是铁岭市（208）、松原市（233）。城市排名在241~289名区间的共有5座城市，约占东北地区总参评城市的14.71%，其中吉林省2座、黑龙江省3座。整体上看，东北地区各地的城市空间与环境的构建水平较落后，大多数城市的排名集中在120名之后。

（二）31个省级行政区休闲设施与服务发展特征分析

休闲设施与服务发展水平通过每百万人拥有4A级及以上景区数、每百万人拥有电影院数、每十万人拥有体育场馆数、每百人公共图书馆藏书量、每十万人拥有博物馆数、每万人拥有星级饭店数、每万人拥有公共汽车数、每万人拥有出租车数、商业服务设施水平共9个指标来衡量。如图4-9所示，31个省级行政区的休闲设施与服务发展水平相对均衡，整体呈现出"福建、江苏、浙江等东部省区市占据头部优势，山东、广东、河北等省区市紧随其后，东、中、西部省区市交错排列"的发展特征。第一梯队包括福建省、江苏省、浙江省、山东省、广东省、西藏自治区、河北省、内蒙古自治区，东部地区经济发展水平较高的闽江浙占据6席，本区间的指标均值在6.13到25.49之间。第二梯队包含新疆维吾尔自治区、海南省、上海市、湖南省、甘肃省、北京市、山西省、宁夏回族自治区，以东部和西部地区省区市为主，指标均值在4.23到5.61之间。第三梯队包含安徽省、辽宁省、黑龙江省、青海省、陕西省、贵州省、云南省、广西壮族自治区，主要集中在西部地区，指标均值在3.74到4.19之间。第四梯队包含天津市、吉林省、江西省、湖北省、四川省、重庆市、河南省，主要分布在中部及西部地区，指标均值在3.05到3.73之间。

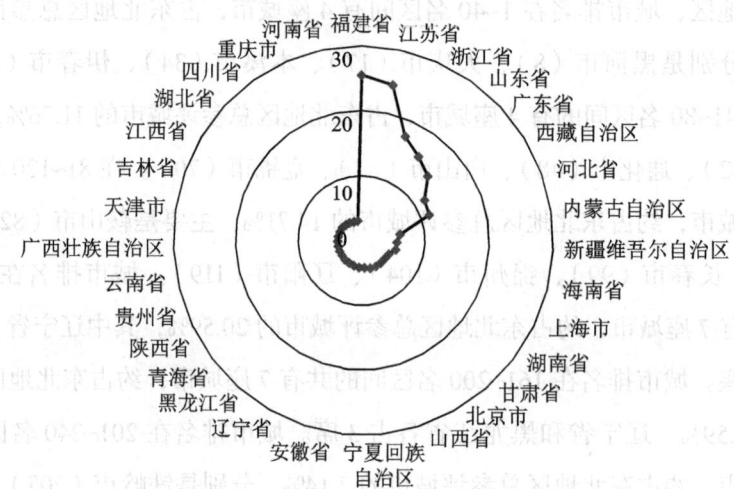

图4-9　31个省级行政区城市休闲设施与服务指数均值

福建省、江苏省、浙江省三地在本领域拔得头筹，休闲设施与服务水平遥遥领先。一方面，这三个省份的政府高度重视休闲服务和旅游业的发展，通过政策支持和资金投入，积极推动相关产业的发展，政府的支持和投资为休闲服务和设施质量的提升提供了重要的保障。另一方面，这三个省份同样占据了一定的地理位置优势，都位于中国东部沿海地区，拥有丰富的自然资源和优美的自然环境，包括海滩、山脉、湖泊等，这为发展休闲服务和设施提供了良好的基础。除此以外，福建省、江苏省、浙江省是中国经济发展最为活跃的地区之一，较高的人均收入水平和消费能力为休闲服务与设施的发展提供了强大的市场需求和支持。西藏自治区、内蒙古自治区、新疆维吾尔自治区三地也在本领域有较好的表现，上述地区近年来在休闲设施的建设上同样付出了很大的努力，休闲设施与服务水平稳步提升。

五、休闲经济与产业

（一）东、中、西及东北地区排名分布特征分析

城市休闲经济与产业方面，从城市休闲经济与产业指数排名趋势图来看，如

图 4-10 所示，东部地区指数排名折线呈现逐渐下降的特征，超半数的城市位列 120 名之前；中部地区指数排名折线呈现"先升后降"的特征，超半数城市位列 120 名之后；西部地区则呈现"先降后升"的特征，大部分城市排名处于 161 名以后；东北地区呈现"先升后降"趋势，但总体偏低。整体上来看，东部地区的城市休闲经济与产业发展水平最高，中部地区区域内发展水平相较而言最为均衡。西部地区在 1~80 名区间的城市数量与中部地区不相上下，头部优势明显，但整体而言，还有着较大进步空间，东北地区过半数城市位列 120 名之后，处于尾部分段，城市休闲经济与产业水平相对较低。

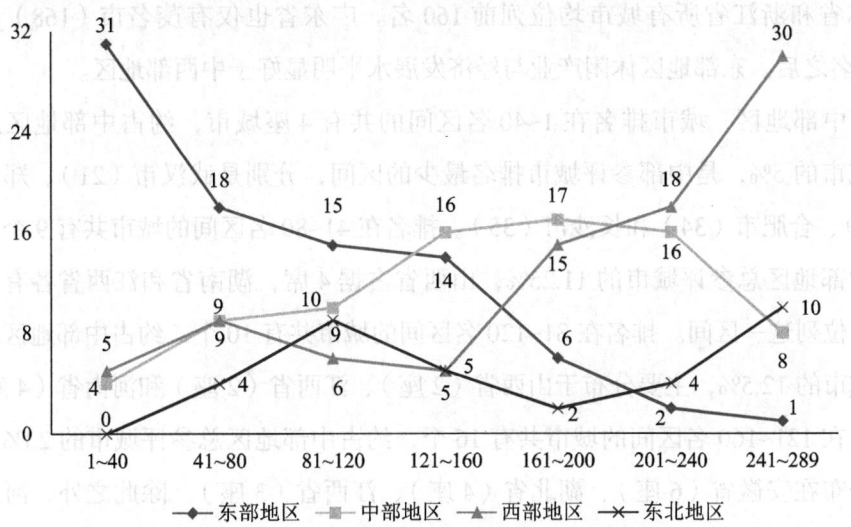

图 4-10 东、中、西及东北地区城市休闲经济与产业指数排名分布

东部地区，城市排名在 1~40 名区间的共有 31 座城市，东部地区参评城市落在这一区间最多，约占据本区间的八成席位，约占东部地区总参评城市的 35.63%，与东部地区较高的经济发展水平相匹配。值得一提的是，在本区间位列前 10 名的城市均来自东部地区，分别是苏州市（1）、上海市（2）、深圳市（3）、北京市（4）、广州市（5）、无锡市（6）、珠海市（7）、厦门市（8）、东莞市（9）、三亚市（10）。排名在 41~80 名区间的城市共有 18 个，约占东部地区总参评城市的 20.69%，主要分布在山东省（6 座）、浙江省（3 座）、江苏省（4 座）等地。排名在 81~120 名区间的城市共有 15 个，约占东部地区总参评城市的 17.24%，广东省占据 4 席，河北省和山东省各有 3 座城市位列这一区间。排名

在121~160名区间的城市共有14个，约占东部地区总参评城市的16.09%，平均分布于东部地区各省份，包括张家口市（123）、日照市（135）、宿迁市（142）等城市。排名在161~200名区间的城市共有6个，约占东部地区总参评城市的6.9%，分布在山东省（2座）、福建省（2座）、广东省（1座）、海南省（1座）。排名在201~240名区间的城市共有2个，约占东部地区总参评城市的2.30%，为河北省承德市（206）、福建省三明市（240）。排名在241~289名区间的城市共有1个，约占全部地区总参评城市的1.15%，来自福建省宁德市（281）。总体来说，东部地区有79座城市排在160名以前，占东部地区参评城市总数的90.8%。江苏省和浙江省所有城市均位列前160名。广东省也仅有茂名市（168）位列160名之后。东部地区休闲产业与经济发展水平明显好于中西部地区。

中部地区，城市排名在1~40名区间的共有4座城市，约占中部地区总参评城市的5%，是中部参评城市排名最少的区间，分别是武汉市（21）、郑州市（25）、合肥市（34）和长沙市（35）。排名在41~80名区间的城市共有9个，约占中部地区总参评城市的11.25%，山西省占据4席，湖南省和江西省各有2座城市位列这一区间。排名在81~120名区间的城市共有10个，约占中部地区总参评城市的12.5%，主要分布于山西省（2座）、江西省（2座）和河南省（4座）。排名在121~160名区间的城市共有16个，约占中部地区总参评城市的20%，主要分布在安徽省（6座）、湖北省（4座）、江西省（3座）。除此之外，河南省占据2席，山西省占据1席。排名在161~200名区间的城市共有17个，约占中部地区总参评城市的21.25%，是中部参评城市排名最多的区间，其中河南省、湖南省各占据5席。排名在201~240名区间的城市共有16个，约占中部地区总参评城市的20%，主要分布在安徽省（5座）和河南省（3座）。排名在241~289名区间的城市共有8个，约占中部地区总参评城市的10%，湖北省占据2席，河南省占据2席。总体来说，中部参评城市共39座城市排在160名之前。其中，山西省、江西省、安徽省入选城市过半数，发展水平相对较好。

西部地区，城市排名在1~40名区间的共有5座城市，约占西部地区总参评城市的5.68%，是西部地区各排名区间内城市数量最少的，分别是贵阳市（12）、重庆市（19）、成都市（20）、昆明市（32）、南宁市（40）。城市排名在41~80名区间的共9座城市，约占西部地区总参评城市的10.23%，中部地区众多省级行政区的省会城市分布于这一区间,包括西安市(43)、乌鲁木齐市(63)、银川市(70)、兰州市(75)等。城市排名在81~120名区间的共有6座城市,约占西部地区总参评城市的6.82%,主要分布于贵州省(2座)、青海省等地。城市排名在121~160名区间的共有5座城市,约占西部地区总参评城市的5.68%,广西壮族自治区占3席,贵州省占2席。城市排名在161~200名区间的共有15座城市,约占西部地区总参评城市的17.05%,较为均衡地分布于广西壮族自治区、内蒙古自治区、四川省、云南省等地。城市排名在201~240名区间的共有18座城市,约占西部地区总参评城市的20.45%,其中四川省有7座城市位列这一排名区间,广西壮族自治区有4座城市位列这一排名区间。城市排名在241~289名区间的共有30座城市,约占西部地区总参评城市的34.09%,是西部地区各排名区间内城市数量最多的,主要分布在甘肃省(6座)、陕西省(6座)、四川省(4座)、云南省(3座)、宁夏回族自治区(3座)。总体来说,西部共25座参评城市排在160名之前,四川省、陕西省以及甘肃省的多数城市排名集中在160名之后,发展水平仍需提高。

东北地区,未有城市进入排名在1~40名区间。城市排名在41~80名区间有4座城市,约占东北地区总参评城市的11.76%,分别是大连市(46)、沈阳市(57)、长春市(61)、哈尔滨市(66)。在81~120名区间的共有9座城市,约占东北地区总参评城市的26.47%,吉林省占据6席,辽宁省占据2席。城市排名在121~160名区间的有5座城市,约占东北地区总参评城市的14.71%,其中辽宁省3座、黑龙江省1座、吉林省1座。城市排名在161~200名区间的共有2座城市,约占东北地区总参评城市的5.88%,都在辽宁省。城市排名在201~240名区间的共有4座城市,约占东北地区总参评城市的11.76%,其中黑龙江省2座,辽宁省2座。城市排名在241~289名区间的共有10座城市,约占东北地区总参评城市的29.41%,其中吉林省3座、黑龙江省7座。整体上看,东北地区各地的城市休闲经济与产业的发展水平较低,排名在120名以内的城市数量较少。

(二)31个省级行政区休闲经济与产业发展特征分析

休闲经济与产业发展水平通过每万人公路客运量、第三产业增加值占GDP比重、人均旅游总收入、外资活力、国内外游客总量、夜间灯光指数共6个指标来衡量。如图4-11所示,31个省级行政区的休闲生活与消费发展水平很不均衡,整体呈现出"江浙沪带领的东部地区遥遥领先,中、西部地区大部分省份落后"的发展特征。第一梯队包括福建省、江苏省、浙江省、山东省、广东省、河北省、上海市、北京市，均来自东部地区，休闲经济与产业指标均值在9.91到33.55之间。第二梯队包含天津市、重庆市、海南省、贵州省、西藏自治区、吉林省、江西省、山西省，以西部地区省区市为主，指标均值在4.13到7.77之间。第三梯队包含湖南省、安徽省、河南省、湖北省、广西壮族自治区、辽宁省、云南省、内蒙古自治区，中部地区占据4席，占据主导位置且区间内排名靠前，指标均值在3.79到4.12之间。第四梯队包含四川省、青海省、新疆维吾尔自治区、陕西省、宁夏回族自治区、甘肃省、黑龙江省，除黑龙江省之外，均来自西部地区，指标均值在2.87到3.64之间。

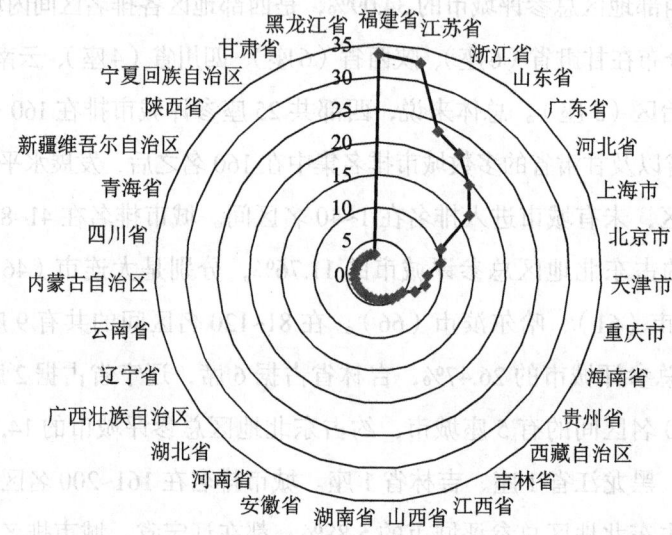

图4-11　31个省级行政区城市休闲经济与产业指数均值

　　江浙沪以及沿海省份作为经济发达的地区，其休闲经济与产业相较于其他省级行政区较为领先。值得关注的是，河北省和山东省在本领域也位居第一梯队，新冠疫情以来，国内旅游呈现出短时间、近距离、高频次等新特征，"轻旅游""微度假""宅酒店"等成为新亮点，京津冀共同推进文化旅游市场一体化发展。河北省全年接待国内游客3.32亿人次，创收（旅游总收入）3008.88亿元①；山东省旅游业承压前行，2022年接待国内游客5.9亿人次，国内旅游收入6026.3

---

① 河北省2022年国民经济和社会发展统计公报［R/OL］.（2023-02-25）［2023-09-20］. http://tjj.hebei.gov.cn/hetj/tjgbtg/.

亿元，其中国家 A 级旅游景区共 1205 家，5A 级景区 14 家，国家级旅游度假区 6 家，成功举办山东省旅游发展大会、中国非物质文化遗产博览会、文化和旅游惠民消费季等活动，发放使用文化和旅游惠民消费券 1.1 亿元[①]。两省坚实的旅游业基础为其休闲经济与产业的发展提供了有力保障。

六、休闲生活与消费

（一）东、中、西及东北地区排名分布特征分析

从城市休闲生活与消费指数排名趋势图来看，如图 4-12 所示，东部地区指数排名折线大体上呈先下降后逐渐平缓的趋势，中部地区指数排名折线则呈现先上升后下降的趋势，西部地区指数排名折线整体呈现小范围内上下浮动的趋势，东北地区指数排名折线呈现逐渐上升的趋势。东部地区排名位列 1~80 名区间的城市以及位列 201~289 名区间的城市比重均高于中、西部以及东北地区，中部地区城市分布在排名区间中间部分的居多，而西部地区城市分布在 121 名之后的区间部分居多，东北地区则集中出现在中后端。由此可见，东部地区的城市休闲生活与消费发展水平最高但区域分化严重，中部及西部地区发展水平次之，东北地区的休闲生活与消费则处于相对落后状态。

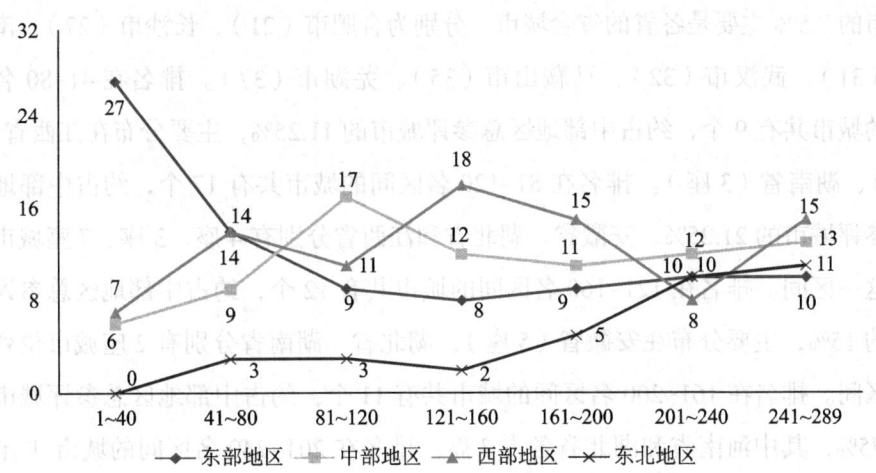

图 4-12 东、中、西及东北地区城市休闲生活与消费指数排名分布

---

① 2022 年山东省国民经济和社会发展统计公报［R/OL］.（2023-03-02）［2023-09-20］. http://tjj.shandong.gov.cn/art/2023/3/2/art_6196_10303466.html.

东部地区，城市休闲生活与消费指数排名在1~40名区间的共有27座城市，约占东部地区总参评城市的31.03%，除上海市（3）、北京市（7）之外，其他城市主要分布在浙江省（8座）、江苏省（6座）、广东省（6座）等地。排名在41~80名区间的城市共有14个，约占东部地区总参评城市的16.09%，其中福建省5座、山东省3座。排名在81~120名区间的城市共有9个，约占东部地区总参评城市的10.34%，主要分布在浙江省（2座）、江苏省（3座）和河北省（2座）。排名在121~160名区间的城市共有8个，约占东部地区总参评城市的9.2%，其中山东省占据3席、河北省占据2席，福建省、江苏省、海南省各占据1席。排名在161~200名区间的城市共有9个，约占东部地区总参评城市的10.34%，山东省有3座城市位列这一排名区间。排名在201~240名区间的城市共有10个，约占东部地区总参评城市的11.49%，其中广东省共占据7席、河北省占据3席。排名在241~289名区间的城市共有10个，约占东部地区总参评城市的11.49%，主要来自广东省（4座）、山东省（4座）。总体来看，休闲生活与消费指数排名前160名中，江苏省、浙江省、福建省的参评城市悉数入选，河北省、山东省入选城市过半数。黑龙江省、辽宁省、吉林省的大部分城市排名都位于160名之后，其城市休闲生活与消费水平相较来说不及同区域其他省份。

中部地区，城市排名在1~40名区间的共有6座城市，约占中部地区总参评城市的7.5%主要是各省的省会城市，分别为合肥市（21）、长沙市（27）、南昌市（31）、武汉市（32）、马鞍山市（35）、芜湖市（37）。排名在41~80名区间的城市共有9个，约占中部地区总参评城市的11.25%，主要分布在江西省（3座）、湖南省（3座）。排名在81~120名区间的城市共有17个，约占中部地区总参评城市的21.25%，安徽省、湖北省和江西省分别有4座、3座、7座城市位列这一区间。排名在121~160名区间的城市共有12个，约占中部地区总参评城市的15%，主要分布在安徽省（5座），湖北省、湖南省分别有2座城市位列这一区间。排名在161~200名区间的城市共有11个，约占中部地区总参评城市的13.75%，其中河南省和湖北省各占3席。排名在201~240名区间的城市共有12个，约占中部地区总参评城市的15%，河南省占据6席，安徽省占据3席。排名在241~289名区间的城市共有13个，约占中部地区总参评城市的16.25%，主要分布在湖南省和山西省，两省各占据5席。从总体上来看，安徽省、湖北省、河南省、湖南省的休闲生活与消费指数位列前 160 名的城市数量均略大于位列 160 名之后的数量，发展水平具有一定的相似性。

　　西部地区，城市排名在 1~40 名区间的有 7 座城市，约占西部地区总参评城市的 7.95%，其中包括拉萨市（17）、玉溪市（22）、克拉玛依市（30）、鄂尔多斯市（34）、昆明市（36）、成都市（38）和贵阳市（40）。城市排名在 41~80 名区间的有 14 座城市，约占西部地区总参评城市的 15.91%，陕西省和甘肃省各占 3 席。城市排名在 81~120 名区间的共有 11 座城市，约占西部地区总参评城市的 12.5%，除了内蒙古自治区外，西部地区其余省级行政区均有分布。城市排名在 121~160 名区间的有 18 座城市，约占西部地区总参评城市的 20.45%，西部地区各排名区间内城市数量最多的为四川省，其中包括乐山市（121）、宜宾市（122）自贡市（124）、眉山市（141）。城市排名在 161~200 名区间的共有 15 座城市，约占西部地区总参评城市的 17.05%，集中分布于广西壮族自治区（5 座）、四川省（5 座）等地。城市排名在 201~240 名区间的共有 8 座城市，约占西部地区总参评城市的 9.09%，集中分布在四川省（3 座）、内蒙古自治区（2 座）、广西壮族自治区（2 座）。城市排名在 241~289 名区间的共有 15 座城市，约占西部地区总参评城市的 17.05%，主要分布在宁夏回族自治区（3 座）、甘肃省（7 座）。整体上看，西部地区各城市休闲生活和消费水平发展较差。排名在 160 名之前的城市数量大于或等于半数的仅有陕西省、云南省、内蒙古自治区 3 个省份，西部其余等地的城市排名大多在 160 名以后。

　　东北地区，未有城市进入排名在 1~40 名区间。城市排名在 41~80 名区间有 3 座城市，约占东北地区总参评城市的 8.82%，分别是沈阳市（45）、大庆市（51）、大连市（57），辽宁省占据 2 席。在 81~120 名区间的共有 3 座城市，约占东北地区总参评城市的 8.82%，分别是盘锦市（92）、长春市（102）、哈尔滨市（108）。城市排名在 121~160 名区间的有 2 座城市，约占东北地区总参评城市的 5.88%，其中辽宁省 1 座、吉林省 1 座。城市排名在 161~200 名区间的共有 5 座城市，约占东北地区总参评城市的 14.71%，辽宁省、黑龙江省各占据 2 座。城市排名在 201~240 名区间的共有 10 座城市，约占东北地区总参评城市的 29.41%，其中黑龙江省 4 座、辽宁省 4 座、吉林省 2 座。城市排名在 241~289 名区间的共有 11 座城市，约占东北地区总参评城市的 32.35%，其中辽宁省 4 座、黑龙江省4座、吉林省3座。整体上看，东北地区各地的城市休闲生活与消费水平相对落后，排名在120名以内的城市较少，大多数城市排名集中在120名之后。

（二）31个省级行政区休闲生活与消费发展特征分析

休闲生活与消费发展水平通过人均社会消费品零售总额、移动电话普及率、城镇居民人均可支配收入、恩格尔系数以及人均地区生产总值共5个指标来衡量。如图4-13所示，31个省级行政区的休闲生活与消费水平发展很不均衡，整体呈现出"东部地区遥遥领先，中西部地区大部分省份相对落后"的发展特征。第一梯队包括福建省、江苏省、浙江省、山东省、广东省、河北省、上海市、北京市，均来自东部地区，休闲生活与消费指标均值在10.73到38.54之间。第二梯队包含西藏自治区、新疆维吾尔自治区、云南省、江西省、天津市、海南省、安徽省、湖北省，以中西部地区省区市为主，指标均值在5.15到8.97之间。第三梯队包含湖南省、内蒙古自治区、陕西省、贵州省、青海省、四川省、重庆市、广西壮族自治区，除去来自中部地区的湖南省，其余省市均来自西部地区，指标均值在4.30到5.00之间。第四梯队包含辽宁省、甘肃省、黑龙江省、吉林省、河南省、山西省、宁夏回族自治区，其中三个省份来自东北地区，指标均值在3.35到3.83之间。

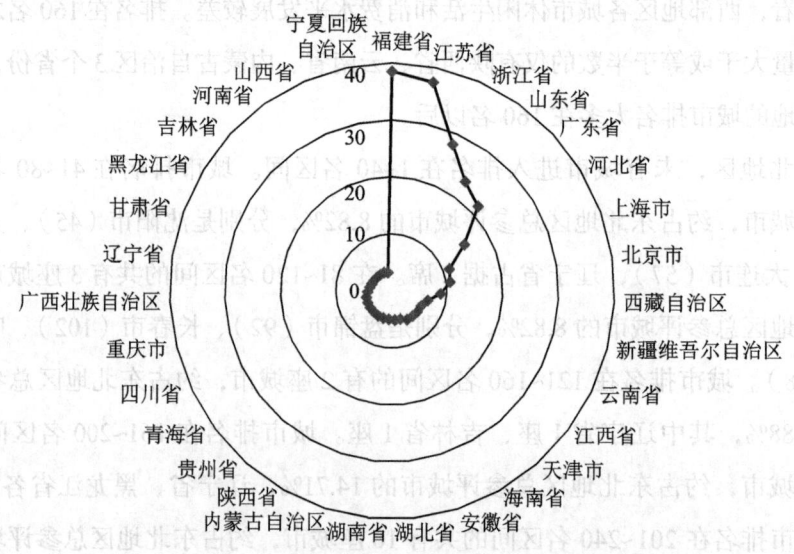

图4-13　31个省级行政区城市休闲生活与消费指数均值

本领域的构成指标与社会经济发展水平直接相关，位于第一梯队的省市，2021年其城镇居民人均可支配收入、人均地区生产总值、居民家庭恩格尔系数均位于全国首列，其中，上海和北京居民人均可支配收入超过7万元。2021年福建省居民家庭恩格尔系数为34.2%，江苏省居民家庭恩格尔系数为32.1%，浙江省居民家庭恩格尔系数为31.8%，北京市居民家庭恩格尔系数为31.2%，上海市居民家庭恩格尔系数为30.8%，遥遥领先其他省份，各方面均衡发展铸就了跃居第一梯队的实力。

第五章　休闲城市发展对比分析

休闲城市的发展与其自然环境、社会、经济、政策等因素的变动息息相关，各个城市的休闲化发展水平会随之发生一定程度的变化，或提升，或倒退。立足于各个城市的休闲发展变化，分析并找出其变化的原因，对于休闲发展水平倒退的城市，有针对性地提出提升的建议，有利于我国休闲城市的健康、可持续性发展。

本章主要对 31 个省级行政区在 2022 年的排名发展变化与 2021 年进行对比分析。此外，选取休闲发展总指数、休闲空间与环境指数、休闲设施与服务指数、休闲经济与产业指数、休闲生活与消费指数 5 个方面位列前 20 名的城市并与其 2021 年度排名相比，计算其排名变动情况并进行解读分析。有关城市形象与美誉这一指标，由于 2022 年和 2021 年所采取的衡量标准不一致，因此不做对比分析。

一、休闲城市发展总指标对比分析

（一）31 个省级行政区休闲发展对比分析

2022 年全国 31 个省级行政区总指标排名变化如表 5-1 所示，部分省份出现了 10 名以上的波动。其中波动范围最大的省份是海南省，相比于 2021 年上升了 14 名，其次是河北省和山西省，下降了 12 名。北京市和上海市的休闲总指标得分连续两年位列第一名和第二名，浙江省、西藏自治区、江苏省、天津市、福建省、重庆市 2021 年和 2022 年皆排在前十名以内。

表 5-1　2022 年全国 31 个省级行政区总指标排名变化

省级行政区	2021年	2022年	排名变化	省级行政区	2021年	2022年	排名变化
北京市	1	1	0	山东省	9	17	-8
上海市	2	2	0	安徽省	15	18	-3
西藏自治区	4	3	1	湖北省	19	19	0
浙江省	3	4	-1	宁夏回族自治区	23	20	3
江苏省	5	5	0	四川省	29	21	8
海南省	20	6	14	广西壮族自治区	26	22	4
重庆市	8	7	1	青海省	21	23	-2
天津市	6	8	-2	陕西省	24	24	0
福建省	7	9	-2	河北省	13	25	-12
广东省	11	10	1	吉林省	30	26	4
江西省	12	11	1	辽宁省	27	27	0
内蒙古自治区	10	12	-2	山西省	16	28	-12
贵州省	17	13	4	甘肃省	25	29	-4
新疆维吾尔自治区	18	14	4	河南省	28	30	-2
云南省	22	15	7	黑龙江省	31	31	0
湖南省	14	16	-2				

海南省的排名相比于 2021 年上升了 14 名，主要得益于以下几个方面的提升：

（1）海南省的休闲空间与环境有所提升。人均公园绿地面积和城市生活污水集中处理率两项指标均出现不同幅度的提升，其中三亚市人均公园绿地面积、城市生活污水集中处理率分别从 12.3 平方米 / 人、96% 上升为 16.3 平方米 / 人、100%。

（2）海南省的休闲设施质量与服务水平进一步提升，与 2021 年同期相比，每百万人拥有电影院数量、每十万人拥有博物馆数、每百人公共图书馆藏数量、每万人拥有星级饭店数量、每万人拥有公共汽车数量、每万人拥有出租车数量等指标均出现明显提升。例如，海口市的每百万人拥有电影院数量由 14.27 个 / 百万人上升为 17.70 个 / 百万人，海口市的每百人公共图书馆藏书数量提升最为明显，由 24.36 本 / 百人上升为 60.08 本 / 百人。海口市的每万人拥有公共汽车数量和每万人拥有出租车数量分别从 7.38 辆 / 万人、7.99 辆 / 万人上升为 9.78 辆 / 万人、10.64 辆 / 万人。

（3）海南省的休闲经济与产业发展有所回升。新冠疫情时代宣告结束后，海南省人均旅游总收入、国内外游客总量较 2021 年相比均出现上升。其中三亚市的人均旅游总收入由 1242.94 元 / 人上升为 1489.43 元 / 人，国内外游客总量由 1620.27 万人上升为 2313.84 万人，三亚市和儋州市的人均旅游总收入、国内外游客总量出现较明显提升。

河北省和山西省的休闲发展排名下降有以下几点共同原因：

（1）休闲空间与环境的减少。河北省和山西省人均公园绿地面积、建成区绿化覆盖率和人均道路面积均出现不同幅度的下滑，其中石家庄市、太原市的人均公园绿地面积分别由 14.26 平方米 / 人、12.78 平方米 / 人下降为 14.03 平方米 / 人、12.75 平方米 / 人。石家庄市的人均道路面积下滑明显，由 18.54 平方米 / 人下降为 11.21 平方米 / 人。

（2）河北省和山西省的休闲设施质量有所降低。每十万人拥有体育场馆数量、每百人公共图书馆藏书量、每万人拥有星级饭店数量与 2021 年同期相比均有较明显的下降，例如太原市的每万人拥有体育场数量从 1.03 个 / 十万人下降为 0.33 个 / 十万人。

（3）休闲经济与产业发展受阻。河北省和山西省的国内外游客总量虽较 2021 年有所增长，但人均旅游总收入出现下降。此外石家庄市、太原市的人均地区生产总值分别从 70 448 元、102 378 元下降为 68 490 元、101 069 元，人们的休闲消费水平受经济环境影响有所降低。

（二）前 20 名休闲城市发展对比分析

2022 年全国前 20 名城市休闲发展总指标排名变化如表 5-2 所示，前 20 名城市休闲发展总指标的排名波动较大，波动范围在 -10 至 49 名之间。其中三亚市、成都市、拉萨市、珠海市等城市的排名上升明显，相比 2021 年分别上升 49、16、14、9 个名次。由此可见，这些城市在过去一年中在休闲空间与环境、休闲设施与服务、休闲经济与产业等方面做出重要举措，显著提升了城市休闲发展水平。同时，也有部分城市的休闲发展总指标出现不同程度的下滑，其中下滑最为明显的是青岛市，下降10个名次，其次是无锡市下降8个名次。

表 5-2 2022 年全国前 20 名城市休闲发展总指标排名变化

城市	2021年	2022年	排名变化	城市	2021年	2022年	排名变化
苏州	1	1	0	温州	18	11	7
北京	2	2	0	三亚	61	12	49
杭州	5	3	2	拉萨	27	13	14
宁波	6	4	2	厦门	14	14	0
上海	4	5	-1	无锡	7	15	-8
深圳	9	6	3	嘉兴	19	16	3
南京	3	7	-4	珠海	25	17	9
鄂尔多斯	13	8	5	绍兴	16	18	-2
广州	8	9	-1	湖州	20	19	1
成都	26	10	16	青岛	10	20	-10

三亚市、成都市、拉萨市、珠海市等城市休闲发展水平的提升主要体现在以下几个方面：

（1）休闲空间与环境进一步改善。三亚市、成都市、拉萨市、珠海市4个城市的人均公园绿地面积、建成区绿化覆盖率、空气质量优良率、城市生活污水集中处理率均出现提升。其中拉萨市人均公园绿地面积由6.52平方米/人提升为11.85平方米/人，成都市空气质量达到二级以上天数占全年比重由76.7%提升为81.9%。拉萨市扎实推进生态环境持续优化，深入打好污染防治攻坚战，全市空气质量优良天数比例为99.7%，不断改善休闲环境质量。

（2）休闲设施数量显著提升。拉萨市每百万人拥有4A级及以上旅游景区数量、每百万人拥有电影院数量、每百人公共图书馆藏书量、每十万人拥有博物馆数量、每万人拥有公共汽车数量等方面均出现显著提升，每百人公共图书馆藏书量从 61.07 本/百人提升为 98.28 本/百人。有效从旅游、体育、文化等方面提升拉萨市休闲设施与服务。2022 年三亚市持续完善全民健身场地设施，积极打造"15 分钟健身圈"，配建全民健身点 29 个、健身苑 1 个、健身园 1 个，共安装健身器材 416 件，有效提升了全市公共体育服务功能①。成都市政府正式批复《成都市"十四五"体育产业建圈强链发展规划和二〇三五年远景目标展望》②，依托成都市丰富的自然资源打造 1 个运动休闲活力圈、3 个都市潮流运动引领区、2 条体育旅游经济带及 N 个赛事经济发展动力芯。

青岛市和无锡市休闲发展总指标排名下降有以下几点共同原因：

（1）人均道路面积减少、人均公园绿地面积减少。青岛市人均道路面积由 19.32 平方米/人下降为 15.75 平方米/人，人均公园绿地面积从 19 平方米/人下降为 18.04 平方米/人；无锡市人均道路面积由 27.15 平方米/人下降为 26.84 平方米/人。

（2）每十万人拥有体育场馆数量、每十万人拥有博物馆数量下降。青岛市每十万人拥有体育场馆数量从 0.12 个/十万人下降为 0.08 个/十万人，每十万人拥有博物馆数量从 1.03 个/十万人下降为 0.14 个/十万人。

（三）提升建议

河北省和山西省的休闲城市发展水平可以从以下几个方面进行提升：

（1）加强公园建设，强化建成区绿化建设。报告期内，石家庄市和太原市的人均公园绿地面积、建成区绿化覆盖率均出现不同幅度的降低，因此休闲空间与环境相对减少，加大对城市绿化的建设力度可以使城市居民的人均休闲空间增加，更利于打造宜居、宜游的城市休闲环境。

（2）增加休闲设施与服务的供给。提高公共图书馆藏书量、体育场馆数量，为人们提供丰富多元的休闲空间与设施，同时提高公共汽车、出租车供给量，满足居民休闲出行需求。

（3）推动旅游行业回暖复苏。围绕消费热点，通过发放消费券、举办免税购物节、推出主题活动引客入岛等一系列措施，推动旅游消费回稳回暖。

---

① 海南网.三亚加快推进文体设施提升，文体活动日渐丰富［EB/OL］.（2023-01-05）［2023-09-25］. https://mp.weixin.qq.com/s/LKvdOTM4_otK0Xv5hXqXmw.

② 成都市体育局.成都市"十四五"体育产业建圈强链发展规划和二〇三五年远景目标展望［R/OL］.（2022-12-30）［2023-09-25］. https://cdsport.chengdu.gov.cn/gkml/zxgh/1630392424545144832.shtml.

青岛市和无锡市的休闲发展水平可以从以下几个方面提升：

（1）提高人均道路面积。青岛市和无锡市的人均道路面积均出现下降，可通过降低人口密度来提升休闲空间，同时青岛市需提升人均公园绿地面积，可以充分发挥青岛连海的自然优势，把公园绿地建设摆在新城开发建设的先行位置，提升城市休闲品质和生活。

（2）提高休闲服务设施数量。加大国家 4A 级以上旅游区、体育馆、星级饭店的建设力度，提升每万人拥有公共汽车数量、每万人拥有出租车数量，满足居民的休闲文化需求。

二、休闲空间与环境指数对比分析

（一）31 个省级行政区休闲空间与环境发展对比分析

2022 年全国 31 个省级行政区休闲空间与环境排名变化如表 5-3 所示，31 个省级行政区的休闲空间与环境经过一年的发展，排名变化幅度较小，除个别省份以外，波动范围在 10 名以内，发展相对稳定。北京市和重庆市的休闲空间与环境的排名提升得较多，分别提升了 17 和 13 个名次。宁夏回族自治区和新疆维吾尔自治区的休闲空间与环境的排名则下降得较多，均下降了 8 个名次。

表 5-3 2022 年全国 31 个省级行政区休闲空间与环境排名变化

省级行政区	2021 年	2022 年	排名变化	省级行政区	2021 年	2022 年	排名变化
北京市	18	1	17	甘肃省	17	17	0
江西省	2	2	0	吉林省	24	18	6
浙江省	4	3	1	湖南省	20	19	1
西藏自治区	9	4	5	四川省	15	20	-5
福建省	3	5	-2	新疆维吾尔自治区	13	21	-8
广东省	6	6	0	辽宁省	21	22	-1
内蒙古自治区	8	7	1	山东省	16	23	-7

续表

省级行政区	2021年	2022年	排名变化	省级行政区	2021年	2022年	排名变化
海南省	10	8	2	青海省	27	24	3
宁夏回族自治区	1	9	-8	黑龙江省	26	25	1
贵州省	5	10	-5	上海市	30	26	4
云南省	14	11	3	河北省	22	27	-5
安徽省	11	12	-1	陕西省	23	28	-5
广西壮族自治区	7	13	-6	河南省	29	29	0
江苏省	12	14	-2	山西省	25	30	-5
重庆市	28	15	13	天津市	31	31	0
湖北省	19	16	3				

北京市和重庆市休闲空间与环境的发展得益于以下方面：

（1）空气质量提升。北京市继2021年 $PM_{2.5}$ 年均浓度降至 $33\mu g/m^3$，北京空气质量首次实现全面达标[①]，到2022年北京的蓝天含金量持续明显提升。并且，北京市的空气质量达到二级以上天数占全年比重从75.4%上升为78.9%。重庆市委市政府实施了一系列城市生态修复和功能完善工程，初步探索形成人与自然和谐共生的实践经验。重庆市生态环境质量持续改善，积极出台各项政策促进生态环境可持续发展，例如出台《重庆市生态环境保护"十四五"规划（2021—2025年）》[②]，多措并举提升居民休闲空间与环境。

（2）城镇生活污水集中处理率和生活垃圾无害化处理率提升。"十三五"时期，北京市全市新建改造再生水厂40座，建设改造污水收集管线超过2000千米，解决超过1000个村庄污水收集处理问题，全市污水处理能力提高到750万

---

① 北京市生态环境局.2022年北京市空气质量新闻发布会［EB/OL］.（2023-01-06）[2023-09-25]. https://sthjj.beijing.gov.cn/bjhrb/index/xxgk69/zfxxgk43/fdzdgknr2/ywdt28/xwfb/326013538/index.html.

② 重庆市人民政府.重庆市人民政府关于印发重庆市生态环境保护"十四五"规划（2021—2025年）［R/OL］.（2022-02-08）[2023-09-25］. http://www.cq.gov.cn/zwgk/zfxxgkml/szfwj/qtgw/202202/t20220208_10375209.html.

立方米/日，污水处理率达到95%，城镇地区基本实现污水全收集、全处理，污泥基本实现无害化处理[①]。重庆市的城镇生活污水集中处理率从97.95%上升为98.66%，其生活垃圾无害化处理率仍保持100%。重庆市近年来不断提升治污能力，合理布局生活垃圾分类收集设施，建立了完善的生活垃圾分类收运系统和分类处置体系，并针对污水及垃圾收集处理等出台了具体政策[②]。

宁夏回族自治区和新疆维吾尔自治区的休闲空间与环境排名下降原因是人口密度的增加，尤其是银川市和乌鲁木齐市人口密度较2021年均有一定程度增加。人口密度的增加，使得在休闲空间总量不变的情况下，当地居民的人均休闲空间大大缩减。

（二）前20名休闲城市发展的对比分析

2022年全国前20名城市休闲空间与环境排名变化如表5-4所示，前20名城市休闲空间与环境的排名波动非常大，波动范围在-13至124名之间。城市的休闲空间与环境很容易受到空气质量、人口密度、绿地面积、城市道路面积、污水和生活垃圾处理率等因素的影响，当地政府通过实施生态环境保护等各项措施能够较大程度改善休闲空间与环境，因此波动范围会很大。深圳市的排名上升明显，变化名次在100名以上。由此可见，深圳市在一年中对城市的休闲空间与环境建设做了很大的努力。嘉峪关市的排名下降13个名次，需要加强城市的休闲空间与环境建设。

表5-4　2022年全国前20名城市休闲空间与环境排名变化

城市	2021年	2022年	排名变化	城市	2021年	2022年	排名变化
鄂尔多斯	1	1	0	北海	36	11	25
威海	2	2	0	珠海	43	12	31
伊春	30	3	27	赣州	33	13	20
吉安	24	4	20	乌兰察布	25	14	11

---

① 北京市水务局.北京市"十四五"时期污水处理及资源化利用发展规划[R/OL].（2022-06-23）[2023-09-25]. https://swj.beijing.gov.cn/swdt/ztzl/yhyshj/yhyshjcwj/yhyshjgzgh/202206/t20220623_2750052.html.

② 重庆市人民政府.重庆市推进以区县城为重要载体的城镇化建设实施方案[R/OL].（2023-07-13）[2023-09-25]. http://www.cq.gov.cn/ywdt/jrcq/202307/t20230713_12146007.html.

续表

城市	2021年	2022年	排名变化	城市	2021年	2022年	排名变化
黄山	7	5	2	九江	39	15	24
新余	6	6	0	嘉峪关	3	16	-13
深圳	131	7	124	遵义	32	17	15
龙岩	9	8	1	台州	34	18	16
景德镇	5	9	-4	贵阳	49	19	30
石嘴山	13	10	3	抚州	11	20	-9

深圳市休闲发展水平的提升主要体现在以下几个方面：

（1）人均公园绿地面积增加。深圳市人均公园绿地面积由15平方米/人上升为22.18平方米/人。深圳高度重视宜居环境建设，先后获得"国家园林城市""国际花园城市""中国人居环境奖"等荣誉，成功创建"国家森林城市"和"生态文明建设示范市"。随着《深圳市公园城市建设总体规划暨三年行动计划（2022—2024年）》的出台，大幅提升了深圳市的绿地面积。

（2）城市生活污水集中处理率的提升。深圳用40年时间，走过了国外一些国际化大都市上百年走完的历程。这种时空压缩式的城市发展方式，既彰显了巨大的发展成就，也让"大城市病"等问题集中出现。水污染一度是深圳之痛。2020年，深圳全面巩固提升水污染治理成效，曾有的所有黑臭水体稳定消除黑臭，五大河流考核断面平均水质全部达到Ⅳ类及以上①，有效提升污水集中处理率。

嘉峪关市休闲空间与环境排名下降受人均公园绿地面积下降的影响。嘉峪关市的人均公园绿地面积出现小幅度下降，由2020年36.28平方米/人下降为35.55平方米/人。

（三）提升建议

宁夏回族自治区和新疆维吾尔自治区的休闲空间与环境可以从以下几个方面进行提升：

---

① 深圳市水务局 http://swj.sz.gov.cn/ztzl/ndmsss/szswrzl/mtbd/content/post_8669816.html.

（1）有效应对人口规模提升，扩展城市休闲空间。一方面要控制人口规模总量，另一方面要扩展休闲空间。可通过开展老城区棚户区改造、老旧小区整治、古城风貌恢复等旧城改造工作，建设城市公园、休闲广场等来扩展休闲空间，进而增加居民的人均休闲空间。

（2）加大生活垃圾无害化处理力度。政府出台相应对策，对城市生活垃圾无害化处理加强监督，本着政府推动、全民参与、统筹规划、因地制宜等原则，实行生活垃圾减量化、资源化、无害化控制和管理。

（3）改善空气质量。宁夏回族自治区和新疆维吾尔自治区要加大工业污染气体排放的控制，重点解决城市扬尘、露天焚烧、烟花爆竹燃放等突出问题。

嘉峪关市休闲空间与环境可以从以下几个方面提升：

（1）加强城市公园建设，提升绿地面积。嘉峪关市要出台相应政策，通过建设城市公园、休闲街区等来扩展休闲空间，从而促进居民的休闲活动参与度。

（2）强化城市生活污水处理能力。嘉峪关市要优化污水处理流程，因地制宜调整整改措施，全面提升污水处理能力，确保污水达标排放。同时要严肃查处各类涉水环境违法行为，加强水污染源头管控。

三、休闲设施与服务指数对比分析

（一）31个省级行政区休闲发展对比分析

2022年全国31个省级行政区休闲设施与服务指数排名变化如表5-5所示，除海南省和贵州省的名次波动幅度超过10名之外，各省份发展较为稳定，名次波动较小。西藏自治区、广东省两地的排名没有发生变化，分别位列31个省级行政区休闲设施与服务指数的第1名、第25名。西藏自治区、内蒙古自治区、浙江省、新疆维吾尔自治区、上海市、甘肃省、北京市、江苏省8个省（自治区、直辖市）在2021年和2022年的本项排名皆在前10名内。海南省排名上升幅度最大，由2021年的第21名上升为第5名；福建省的排名下降幅度最大，由2021年的第12名下降至第22名。总体来看，休闲设施与服务指数前10名基本稳定，11~20名之间省份排名也较为稳定。

表 5-5 2022 年全国 31 个省级行政区休闲设施与服务指数排名变化

省级行政区	2021 年	2022 年	排名变化	省级行政区	2021 年	2022 年	排名变化
西藏自治区	1	1	0	陕西省	15	17	-2
内蒙古自治区	3	2	1	贵州省	30	18	12
浙江省	6	3	3	云南省	22	19	3
新疆维吾尔自治区	4	4	0	广西壮族自治区	26	20	6
海南省	21	5	16	天津市	16	21	-5
上海市	5	6	-1	福建省	12	22	-10
湖南省	17	7	10	吉林省	19	23	-4
甘肃省	9	8	1	江西省	18	24	-6
北京市	2	9	-7	广东省	25	25	0
江苏省	7	10	-3	河北省	29	26	3
山西省	13	11	2	湖北省	24	27	-3
宁夏回族自治区	10	12	-2	四川省	31	28	3
安徽省	8	13	-5	山东省	20	29	-9
辽宁省	11	14	-3	重庆市	27	30	-3
黑龙江省	14	15	-1	河南省	28	31	-3
青海省	23	16	7				

（二）前 20 名休闲城市发展的对比分析

2022 年全国前 20 名城市休闲设施与服务排名变化如表 5-6 所示，前 20 名城市休闲设施与服务指标的排名波动较大，波动范围在 -14 至 91 名之间。张家界、晋中、大庆、宁波、三亚、温州等城市的排名上升明显，相比 2021 年分别上升 91 名、40 名、33 名、30 名、22 名、20 名。没有排名大幅度下降的城市。嘉峪关和镇江的排名有小幅下降的城市，分别下降了 14 名和 13 名。

表 5-6　2022 年全国前 20 名城市休闲设施与服务排名变化

城市	2021年	2022年	排名变化	城市	2021年	2022年	排名变化
鄂尔多斯	4	1	3	克拉玛依	13	11	2
拉萨	3	2	1	张家界	103	12	91
三亚	25	3	22	呼和浩特	12	13	-1
黄山	1	4	-3	丽水	19	14	5
丽江	8	5	3	晋城	17	15	2
呼伦贝尔	6	6	0	嘉峪关	2	16	-14
晋中	47	7	40	大庆	50	17	33
黑河	5	8	-3	苏州	27	18	9
温州	29	9	20	宁波	49	19	30
张掖	11	10	1	镇江	7	20	-13

张家界、晋中、大庆等城市休闲设施与服务排名上升有以下几个共同原因：

（1）体育休闲设施空间布局不断完善。2021 年张家界市扎实推进体育旅游设施建设，稳步提升体育旅游品牌建设能力，全面开展体育旅游赛事活动，取得了一系列显著成果，武陵源区于当年获批全国体育旅游示范基地。

（2）公共文化服务平台建设成效显著。近年来，晋中市大力推进全民阅读，增设阅读设施，加强阅读平台建设，以满城书香涵养城市气质。为充分发挥图书馆馆藏优势，提高文献利用率，晋中市大力推进图书馆分馆建设，以晋中市图书馆为总馆，与分馆签订协议，统一采编，统一管理，推行标准化服务，全面实现一卡通用、通借通还、资源共享，为市民提供方便、快捷、优质的公共文化服务平台。同时开展"全城共读一本书""寻找书香家庭""'凤鸣'读书节"等一系列活动，为广大读者奉上文化大餐，激发读书热情，进一步营造书香晋中的良好休闲文化氛围[1]。

---

[1] 山西文明网：山西晋中市以满城书香涵养城市气质［EB/OL］.（2023-05-09）［2023-09-25］. http://sx.wenming.cn/ptlm_jjsj/202305/t20230509_6601098.shtml.

（三）提升建议

各城市休闲设施与服务指标变化幅度较小，少数城市出现了名次的下降。城市休闲设施与服务水平对于居民开展休闲娱乐活动至关重要，将对居民的幸福感与获得感产生重要影响。排名较为落后的城市主要存在公共休闲场所有限、公共服务水平不高等问题。因此，对于城市休闲设施与服务指标的提升，可从以下几个方面考虑：

（1）完善城市交通条件。城市交通设施与安全，能够反映城市内外交通的便捷程度和安全性，交通枢纽功能强大，能够满足城市居民的日常休闲活动与出行需求，提高城市休闲化水平。

（2）增加公共休闲场所。在提高体育馆、图书馆等传统休闲场所数量的基础上，着力打造文化休闲景观建设项目，通过建设运动驿站、休闲广场、游乐场、休息节点等功能设施，极大提升休闲空间的功能和使用舒适度，在营造良好人文环境的同时，也为市民平时的休闲娱乐提供场所。

四、休闲经济与产业指数对比分析

（一）31个省级行政区休闲发展对比分析

2022年全国31个省级行政区休闲经济与产业指数排名变化如表5-7所示。休闲经济与产业方面，排名变化最大的是内蒙古自治区，下降了12名；其次是福建省和云南省，各下降了5名；江西省、重庆市、湖北省的上升幅度最大，均上升5名。上海市、北京市、天津市的排名没有发生变化，依旧稳坐前三名。除此之外，湖南省、辽宁省、山西省、黑龙江省的排名也没有发生变化。总体来看，2022年全国31个省级行政区休闲经济与产业指数排名整体变化幅度很小，只有内蒙古自治区的排名位次变动幅度大于5名。

表5-7 2022年全国31个省级行政区休闲经济与产业指数排名变化

省级行政区	2021年	2022年	排名变化	省级行政区	2021年	2022年	排名变化
上海市	1	1	0	湖南省	17	17	0

续表

省级行政区	2021年	2022年	排名变化	省级行政区	2021年	2022年	排名变化
北京市	2	2	0	安徽省	19	18	1
天津市	3	3	0	河南省	21	19	2
重庆市	9	4	5	湖北省	25	20	5
海南省	7	5	2	广西壮族自治区	23	21	2
江苏省	5	6	-1	辽宁省	22	22	0
广东省	6	7	-1	云南省	18	23	-5
浙江省	4	8	-4	内蒙古自治区	12	24	-12
山东省	10	9	1	四川省	24	25	-1
贵州省	11	10	1	青海省	27	26	1
西藏自治区	14	11	3	新疆维吾尔自治区	29	27	2
吉林省	15	12	3	陕西省	26	28	-2
福建省	8	13	-5	宁夏省	30	29	1
河北省	13	14	-1	甘肃省	28	30	-2
江西省	20	15	5	黑龙江省	31	31	0
山西省	16	16	0				

江西省、重庆市、湖北省等省份排名上升明显主要是得益于文旅消费的有序复苏和休闲产品提质扩容。比如，2022年江西省为刺激旅游消费，带动休闲产业发展，不断推进文旅产业管理模式转型、服务方式创新和消费结构升级。截至2022年8月31日，江西省各地累计出台384条消费促进政策，引导26 491家文旅企业参与，发动重点景区、度假区、星级和高品质民宿企业3822家，开展了4252场"夜演、夜游、夜购、夜品、夜娱、夜宿"等特色夜间文旅消费活动，折合让利共计14.06亿元。携程大数据显示，2022年8月江西省旅游人次同比增长41.96%，整体收入同比增长60.78%，酒店入住人次同比增长35.54%，交易额同

比增长 61.48%。民宿发展尤其突出，民宿人次环比增长 25.68%，交易额环比增长 50.93%；同程大数据显示，江西省旅游平台订单量环比增长 20%，整体收入环比增长 21%。酒店入住人次环比增长 26%，交易额环比增长 25%，航旅游客环比增长 26%，消费金额环比增长 21%。汽车票游客人数环比增长 31%，消费金额环比增长 55%；美团大数据显示，江西省文旅消费额同比增速为 51%，其中江西省外省游客文旅景区消费券量和消费额同比增长 122.1% 和 132.1%，本省游客文旅景区消费券量和消费额同比增长 39.6% 和 50.9%，文旅消费恢复态势强劲①。

内蒙古自治区休闲经济与产业指数排名下降的主要原因主要体现在以下两个方面：第一，第三产业占比增幅缓慢。内蒙古自治区 2021 年第三产业对生产总值增长的贡献率为 51.7%，同比增长 2.9 个百分点，低于全国平均水平。第二，旅游收入下降。2021 年内蒙古自治区旅游接待人次和收入以及人均旅游收入均出现大幅度下降。其中，国内旅游接待人次下降 4.98%，旅游总收入下降 39.12%，人均旅游收入则从 2020 年的 1934.14 元 / 人下降到 1112.67 元 / 人，降幅达到 42.17%②③，给休闲经济与产业带来巨大冲击。

（二）前 20 名休闲城市发展的对比分析

2022 年全国前 20 名城市休闲经济与产业排名变化如表 5-8 所示，前 20 名城市休闲经济和产业的排名波动较大，波动范围在 -6 至 57 名之间。重庆市、贵阳市等城市排名上升明显。宁波市、东莞市、成都市、武汉市的城市休闲经济与产业的排名有所下降，分别下降 6、5、5、5 个名次。

表 5-8　2022 年全国前 20 名城市休闲经济与产业排名变化

城市	2021 年	2022 年	排名变化	城市	2021 年	2022 年	排名变化
苏州	2	1	1	贵阳	37	11	26
上海	1	2	-1	南京	10	12	-2

---

① 江西省文旅厅.省市县三级联动文旅消费促进新模式［EB/OL］.（2022-09-13）［2023-09-25］. https://baijiahao.baidu.com/s?id=1743843118376791391&wfr=spider&for=pc.

② 内蒙古自治区人民政府.内蒙古自治区 2020 年国民经济和社会发展统计公报.［R/OL］.（2021-08-15）［2023-09-25］. https://www.nmg.gov.cn/zwgk/zfgb/2021n/2021112_16213/202108/t20210815_1805387.html.

③ 内蒙古自治区人民政府.内蒙古自治区 2021 年国民经济和社会发展统计公报.［R/OL］.（2022-02-28）［2023-09-25］. https://www.nmg.gov.cn/tjsj/sjfb/tjsj/tjgb/202202/t20220228_2010485.html.

续表

城市	2021年	2022年	排名变化	城市	2021年	2022年	排名变化
深圳	3	3	0	中山	17	13	4
北京	5	4	1	佛山	21	14	7
广州	6	5	1	宁波	9	15	-6
无锡	7	6	1	嘉兴	12	16	-4
珠海	8	7	1	天津	16	17	-1
厦门	13	8	5	重庆	75	18	57
东莞	4	9	-5	成都	14	19	-5
三亚	19	10	9	武汉	15	20	-5

2022年，重庆市在休闲经济与产业的多个方面都有较大的提升，主要体现在旅游产业的提质升级上。

（1）重点打造旅游休闲产业亮丽名片。重庆市积极推进《重庆市文化产业促进条例》立法工作。策划招商了一批精品文旅项目，持续跟进重大文旅项目建设，加快旅游国际化建设试点；推进国家文旅消费试点、示范城市建设。持续打造国家和市级夜间文旅消费集聚区；培育壮大线上演播、沉浸式体验、数字艺术等新型业态，探索剧本杀、电竞酒店、云服务等新业态新模式管理试点工作。在以建设文化强市和世界知名旅游目的地目标引领下，重庆市的旅游休闲产业发展质量显著提升[1]。

（2）外资活力增强。重庆市外资活力呈现大幅度上升，外资活力的增强有效带动休闲经济与产业的发展。

（3）国内游客量恢复较快。宁波市旅游业有效应对严峻挑战，实现了稳步增长和有序恢复，2021年全市接待过夜游客8834.86万人次，同比增长37.2%；A级旅游景区接待游客17 546万人次，同比增长9%；旅游产业实现增加值

---

[1] 华龙网.建设世界知名旅游目的地，今年重庆如何发力？[EB/OL].(2022-03-25)[2023-09-25]. https://baijiahao.baidu.com/s?id=1728234793302699912&wfr=spider&for=pc.

1076.09亿元，增速为9.9%，占全市GDP比重3.9%[①]。

宁波市、东莞市、成都市、武汉市的休闲经济与产业指标排名下降的原因主要体现在两个方面：第一，国内外游客接待总量恢复缓慢。2021年宁波市完成旅游总收入838.8亿元，比2021年增长5.5%；接待国内游客5151.1万人次，增长8.1%，增幅较为缓慢[②]。第二，人均旅游总收入降低。成都市在2021年4月和12月经历两波疫情，对旅游总收入造成较大影响。

（三）提升建议

城市休闲经济与产业指数排名主要受第三产业占比、人均旅游总收入、国内外游客总量等因素的影响。对于排名下降的省份和城市，可以在以下两方面提升休闲经济与产业水平：第一，企业转型升级、提高人均旅游总收入。多数城市人均旅游总收入大幅下降，同时人们的消费需求也在逐渐变化，传统的休闲方式难以满足当下人们的需求。因此，企业亟须转型升级，为产品提质扩容，开发并设计与时俱进的休闲度假旅游项目，从而提升人均旅游总收入和国内外游客总量。第二，多措并举激发旅游消费活力。为有力推动后疫情时代旅游市场稳步复苏，各地区可通过发放消费券、举办主题活动、免门票等措施，释放旅游消费活力，推动地区文化事业旅游产业繁荣发展，从而提高城市休闲经济与产业水平。

五、休闲生活与消费指数对比分析

（一）31个省级行政区休闲发展对比分析

2022年全国31个省级行政区休闲生活与消费指标排名变化如表5-9所示，31个省（自治区、直辖市）的休闲生活与消费指标排名波动较小，波动范围在-13至16名之间。其中波动范围最大的省份是海南省，相比于2021年上升了16个名次，其次是河南省，下降了13名。浙江省、辽宁省和吉林省的排名未发生变化，北京市、上海市、浙江省连续三年位居榜单前3名。除此之外，西藏自治区、江苏省、新疆维吾尔自治区、福建省也皆在2021年和2022年排在前10名以内。

---

① 重庆市文化和旅游发展委员会.2021年重庆市旅游业统计公报［R/OL］.（2022-04-25）［2023-09-25］.http://whlyw.cq.gov.cn/wlzx_221/sjfb/202204/t20220425_10655394_wap.html.
② 宁波市人民政府.2021年宁波市国民经济和社会发展统计公报［R/OL］.（2022-03-14）［2023-09-25］.http://www.ningbo.gov.cn/art/2022/3/14/art_1229096012_3950167.html?isMobile=false.

表 5-9　2022 年全国 31 个省级行政区休闲生活与消费指数排名变化

省级行政区	2021年	2022年	排名变化	省级行政区	2021年	2022年	排名变化
上海市	2	1	1	陕西省	21	17	4
北京市	1	2	-1	山东省	8	18	-10
浙江省	3	3	0	贵州省	29	19	10
西藏自治区	10	4	6	青海省	22	20	2
江苏省	4	5	-1	四川省	23	21	2
新疆维吾尔自治区	6	6	0	重庆市	9	22	-13
福建省	5	7	-2	广西壮族自治区	30	23	7
云南省	18	8	10	辽宁省	24	24	0
江西省	17	9	8	河北省	14	25	-11
天津市	7	10	-3	甘肃省	25	26	-1
海南省	27	11	16	黑龙江省	31	27	4
广东省	20	12	8	吉林省	28	28	0
安徽省	12	13	-1	河南省	16	29	-13
湖北省	15	14	1	山西省	19	30	-11
湖南省	11	15	-4	宁夏回族自治区	26	31	-5
内蒙古自治区	13	16	-3				

海南省和贵州省在休闲生活与消费指标排名上升的原因主要体现在以下两个方面：第一，社会消费品零售额。如 2021 年全年，三亚市社会消费品零售总额达 545.19 亿元，比上年增长 43.1%[①]；海口市社会消费品零售总额达 1056.98 亿元，同比增长 26.5%，总额首次突破千亿元，增速排名全国省会城市榜首，创历史新

---

① 三亚市人民政府.2021 年三亚市国民经济和社会发展统计公报［R/OL］.（2022-02-18）［2023-09-25］.http://www.sanya.gov.cn/sanyasite/tjgb/202202/acb05770fa8d4999a718756df61c42bd.shtml.

高①；贵阳市社会消费品零售总额达2546.69亿元，比上年增长12.9%②，消费复苏势头强劲。第二，居民可支配收入的增加。如2021年全年，贵阳市全市城镇居民人均可支配收入达43 876元，比上年增长8.9%②；三亚市城乡居民人均可支配收入达37 762元，增长9%③；海口市居民人均可支配收入达38 129元，比上年增长8.9%④，增长势头强劲。

重庆市和河南省休闲生活与消费指标排名下降的原因主要是由于以下两个方面：第一，城市居民人均地区生产总值增速减缓。重庆市2021年人均地区生产总值达86 879元，比上年增长7.8%⑤；河南省2021年人均地区生产总值达59 410元，比上年增长6.4%⑥，增速放缓。第二，社会消费品零售总额增速放缓。河南省2021年全省社会消费品零售总额为24 381.7亿，比上年增长8.3%，疫情前，2017年、2018年、2019年这一指标的同比增幅为11.6%、10.3%和10.4%，增幅明显放缓⑥，因此导致休闲生活与消费指标排名的下降。

（二）前20名休闲城市发展的对比分析

2022年全国前20名城市休闲生活与消费排名变化如表5-10所示，前20名城市休闲生活与消费排名波动幅度整体适中，除了东莞和拉萨，波动范围在-13至11之间。拉萨、东莞两座城市排名上升明显，分别上升82个和42个名次。宁波上升5个名次，位列榜单第一名。福州、常州、南京等城市出现小幅度下降，南京继上一年度由2020年的第一名下降为第二名之后，本年度继续下降至第九名。

---

① 海南省人民政府.2021年海口社会消费品零售总额首破千亿元，增速位列全国省会城市第一[EB/OL].（2022-02-10）[2023-09-25］. https://www.hainan.gov.cn/hainan/jdsj/202202/eec0d1d6dd6844c88bda5eb4e8a9ab50.shtml.

② 贵阳市统计局.2021年贵阳市国民经济和社会发展统计公报［R/OL].（2022-03-31）[2023-09-25］. http://tjj.guiyang.gov.cn/2020_zwgk/2020_zdlygk/2020_sjfb/tjgb/202203/t20220331_73201177.html.

③ 三亚市人民政府.2021年三亚市国民经济和社会发展统计公报［R/OL].（2022-02-18）[2023-09-25］. http://www.sanya.gov.cn/sanyasite/tjgb/202202/acb05770fa8d4999a718756df61c42bd.shtml.

④ 海口市统计局.2021年海口市国民经济和社会发展公报［R/OL].（2022-05-14）[2023-09-25］. http://tjj.haikou.gov.cn/hkstjj/ndgb/202202/b487e370a14b489c9a138cc75be4f977/files/562b3ff72f594d03af63f04d98892eeb.pdf.

⑤ 重庆市人民政府.2021年重庆市国民经济和社会发展统计公报［R/OL].（2022-03-18）[2023-09-25］. http://www.cq.gov.cn/zjcq/sjfb_120853/tjgb/202203/t20220318_10523268.html.

⑥ 河南省人民政府.2021年河南省国民经济和社会发展统计公报［R/OL].（2022-03-12）[2023-09-25］. https://www.henan.gov.cn/2022/03-14/2414064.html.

表 5-10 2022 年全国前 20 名城市休闲生活与消费排名变化

城市	2021年	2022年	排名变化	城市	2021年	2022年	排名变化
宁波	6	1	5	温州	22	11	11
杭州	5	2	3	湖州	11	12	-1
上海	3	3	0	无锡	9	13	-4
广州	15	4	11	嘉兴	26	14	12
深圳	10	5	5	绍兴	12	15	-3
苏州	4	6	-2	常州	8	16	-8
北京	1	7	-6	拉萨	99	17	82
东莞	50	8	42	厦门	21	18	3
南京	2	9	-7	金华	28	19	9
舟山	18	10	8	福州	7	20	-13

拉萨、东莞两座城市在休闲生活与消费排名上升的原因主要体现在以下两个方面：第一，社会消费品零售额增加。拉萨市和东莞市消费品市场新业态不断发展，市场规模再创新高，不断推动休闲生活与消费的发展。拉萨市全年完成社会消费品零售总额达 399.35 亿元，比 2021 年增长 8.1%[1]。东莞市全年社会消费品零售总额达 4239.24 亿元，比 2021 年增长 13.3%，其中商品零售额 3896.45 亿元，增长 13.3%，餐费收入 342.78 亿元，增长 13.4%[2]。第二，人均可支配收入增加。拉萨市、东莞市城镇居民人均可支配收入明显增加，与 2021 年同期相比分别增长 13% 和 9.9%[1][2]，生活水平持续提高。

（三）提升建议

城市休闲生活与消费指数排名主要受社会消费品零售额、人均可支配收入、城市居民人均地区生产总值等因素的影响。对于排名下降的省份和城市，可以在

---

[1] 拉萨市统计局.2021年拉萨市国民经济和社会发展统计公报 [R/OL].（2022-04-19）[2023-09-25]. http：//tjj.lasa.gov.cn/tjj/tjgb/202204/def161610bad4be8bb91728edadbcc9d.shtml.

[2] 东莞市人民政府.2021年东莞市国民经济和社会发展统计公报 [R/OL].（2022-03-20）[2023-09-25]. http：//www.dg.gov.cn/zjdz/dzgk/shjj/content/post_3790787.html.

以下两个方面提升休闲生活与消费水平：第一，重点培育高质量休闲服务企业。如扶持高质量住宿餐饮企业，形成新的增长点，大力发展旅游业，带动旅游消费增长。旅游业在直接刺激休闲娱乐消费的同时，也带动了住宿、餐饮业等相关领域的快速增长，对消费有着巨大推动作用，以此促进休闲生活与消费的持续快速发展。第二，加快数字化改造，推进线上线下协同发展。线下消费场景遭到较大冲击，也影响到社会消费品零售总额的增长。通过构建数字化消费场所，打造便民服务链，可不断激发智慧零售新活力，满足人们的消费需求。

第六章　国家级休闲街区典型案例分析

一、江南佳丽地——南京市秦淮区夫子庙步行街

（一）案例背景

"梨花似雪草如烟，春在秦淮两岸边"，南京市秦淮区夫子庙步行街位于南京夫子庙—秦淮风光带风景名胜区核心区内，是南京最具特色、最具活力的地方之一，也是南京对外交流、展示形象的标志性窗口。步行街主街长度1284米，总占地面积约36万平方米，总商业面积约50万平方米，由"三街一商圈"构成，其中"三街"分别为"文博展览体验街"贡院街、"老字号特色购物街"贡院西街、"秦淮特色美食街"大石坝街；"一商圈"则是水游城、水平方、茂业天地构成的商业圈，形成了集"游食演娱购宿"于一身的夜经济产业链。1990年，夫子庙地下商业街开业，时为华东地区最大的地下街市。1991年，夫子庙及秦淮风光带被国家旅游局评为"新建的人文景观为主的旅游胜地"，荣获"中国旅游胜地四十佳"称号，成为享誉海内外的旅游胜地、文化长廊、美食中心、购物乐园，进入21世纪，注重以"文"兴"商"，开辟新天地。2001年，南京夫子庙被国家旅游局命名为全国首批4A级旅游景区。2006年，夫子庙建筑群入选《中华百年建筑经典》，被评价为"全国少有的集商业氛围、旅游景观、儒家文化、建筑特色、风味美食、民俗民风于一身的大型综合商贸旅游街区"，其"五街合一"（商业街、旅游街、文化街、休闲街、美食街）模式独具特色。2007年，夫子庙商业街被中国步行商业街工作委员会命名为"中国著名商业街"。2016年，夫子庙历史文化街区入选第一批江苏省历史文化街区。2018年以来，夫子庙步行街启动改造提升，从"文化引领、品质提升、产业升级、诚信建设、党建领航"入手，探索走好"商旅文融合、街景河一体、建管服联动、主客商共享"

的特色创建之路。2020年,南京夫子庙步行街入选首批全国示范步行街名单。2022年,南京夫子庙步行街被列为国家级旅游休闲街区。

步行街所在的夫子庙历史文化积淀丰厚,各类文旅资源密度大、类别多、品位高,具有极高的历史文化科学价值。夫子庙的"庙市合一"特色鲜明,集旅游观光、美食购物、休闲娱乐、科普教育、节庆活动等功能于一身。夫子庙步行街沿街商业文旅设施和店铺有近千家,街区内拥有时尚品牌300余个,小吃餐饮店近200家,知名老字号店铺19家以及10余家文化主题酒店,其中的商业业态并不以旅游纪念品和小吃为主,而是囊括文博展览、体验旅游、文创购物、特色餐饮、休闲娱乐、老字号店铺、主题酒店等多种业态,文化和商业紧密融合在一起。在规划上,明确了三条主街和三个商业体的功能定位:贡院街为文博展览、体验旅游;贡院西街主打特色购物;大石坝街则体现秦淮美食。三座现代商业体负责现代时尚体验购物,同时注重步行街的辐射带动功能,串联起周边休闲、观光、美食和购物资源[①]。夫子庙步行街融合文博展览、体验旅游、特色购物、秦淮美食四大功能,打造成为"中国最具历史人文品位的国际商业地标、中华第一历史文化名街"。

(二)建设方案

1. 文化为魂,深化文旅融合发展

夫子庙步行街在发展建设过程中坚持将文化作为街区最鲜明的底色,从传统文化着手,按照"体验中国古代科举文化首选"的定位,打造南京中国科举博物馆及文化商业配套设施,构建"儒学+科举"两条文化中轴线。南京中国科举博物馆成为全国最大的科举专题类博物馆、江苏省最年轻的国家一级博物馆,其常设的"文明的阶梯——科举文化专题展"荣获"全国博物馆十大陈列展览精品奖"。依托儒学、科举等文化资源,打造"状元大讲堂"品牌,举办祭孔大典、状元巡游等优秀传统文化活动,邀请文化专家做客街区授课,布局秦淮河畔小剧场群,推出实景戏曲演出、沉浸体验式婚礼、《跟着诗人游秦淮》沉浸式演出作品。建设集南京非物质文化遗产展示展销、互动体验、传承交流、活化利用于一身的非遗展示体验馆,在东、西市集聚民间手工艺人,通过多种方式传承发展各

---

① 陈卓. 南京夫子庙步行街依托夜游秦淮河发展夜间经济[EB/OL].(2019-08-08)[2023-09-25]. http://www.ce.cn/culture/gd/201908/08/t20190808_32850538.shtml.

种濒临失传的老工艺和老手艺。根据"一步一景""一步一艺"的构想,把非遗全面融入夫子庙街区,打造非遗旅游线路,发展非遗研学产业,培育非遗消费新业态,让市民游客在街区内全程感受非遗活态传承魅力。"秦淮灯会""秦淮品诗赏月""秦淮客厅"文化科技嘉年华等一系列文化活动的举办,在吸引消费者的同时,也在不断加深夫子庙步行街的文化内核。

2. 构建智慧服务体系,加强人文关怀

一是在街区智能化方面,夫子庙步行街构建起了"1+3+N"智慧服务体系,即一个综合信息管理指挥平台,面向游客、商家、政府的三维应用系统,实现街区管理的智能化、商家运营的智联化、游客服务的智慧化,同时搭建智慧交通、移动执法、信用管理等N项功能模块,实现大数据决策下的步行街业态提档升级。二是构建智能场景,建成智慧停车、智慧消防等智慧管理项目,通过慢享秦淮APP等平台,提供信息发布、导购促销、投诉处理等服务。三是增设智能设施,布局智慧e站、共享打印机等服务设施,推广客如云聚合支付设备,街区商户全部开通移动支付。四是推广智能应用,统筹三大运营商,实现街区5G信号全覆盖,打造全国首艘5G智慧游船,组织网红开展5G直播带货[①],运用5G新科技举办的5G直播灯会让消费者实现了"云逛街",5G智慧游船和5G直播间成为新兴网红打卡点。

此外,当地还注重加强街区的人文关怀,街区旅游公厕全部实施智能化和主题化改造,在有条件的商户设置无障碍出入口,增设无障碍坡道辅具和无障碍助力设施,街区休憩设施增加30%以上。广泛开展文明宣传引导,街区设置多个志愿服务站,向游客提供旅游咨询、投诉处理、物件寄存、婴儿推车和轮椅租借等便民服务,打造文明志愿服务品牌,不断提升游客的安全感、获得感和幸福感。实施内秦淮河东五华里夜景提升、西五华里休闲文化街区打造等重大文旅项目。建成从外围进入街区的4条慢行通道,在街区周围新增多个停车场,完善出入口及主要节点标识指示系统、智慧导引设施。围绕游客"快达"和"慢行"两大需求,打造游船、电瓶车、黄包车等特色交通,通过故事线、风景线、购物线和特色交通线串联,构筑了一条从碎片化到连续化的体验之旅。

---

① 秦淮区人民政府办公室.秦淮区打造夫子庙步行街"智慧街区"[R/OL].(2020-07-07)[2023-09-25]. http://www.njqh.gov.cn/qhqrmzf/202007/t20200707_2121750.html.

3. 制定规范文件，整合多重力量

总体规划引领，通盘考虑风景名胜资源评价、功能结构与空间布局、旅游设施规划、经济发展与商业规划、道路交通规划、基础工程规划等，编制《夫子庙—秦淮风光带风景名胜区总体规划》（2017—2035）。合理布局街区功能，出台《夫子庙秦淮风光带特色街区功能布局和业态管理规定》，对夫子庙商业总体布局和9大主题特色街巷做出规划安排，并公布特色街巷经营目录①。完成《南京市夫子庙秦淮风光带风景名胜区条例》修订，从法律层面加大街区历史文化资源保护力度，提高街区业态品质，提升街区管理服务效能，为街区规划建设、保护利用和监督管理提供更有效的法律支撑。制定出台《南京市夫子庙秦淮风光带特色街区管理办法》等文件，为街区历史文化遗产保护提供具体规范。

成立区历史文化名城保护委员会，由区委、区政府主要领导担任主任，40多家单位主要负责同志为成员的区历史文化名城保护委员会，聘任30余名专家组成区历史文化名城保护专家咨询委员会，强化历史文化名城保护工作统一领导。成立"夫子庙历史文化街区规划审批三人小组"，建立夫子庙规划建设三人小组会审机制。成立南京夫子庙—秦淮风光带风景名胜区管委会，作为街区专门管理机构，承担街区的规划、建设、管理和服务职责。整合公安、交警、城管、环保、应急管理、消防等执法力量，组建街区综合执法大队，实现一支队伍管全部、一专多能管到底。深化诚信街区建设，制定《商户诚信度分级评定办法》，推出"七天无理由退换"、小额争议投诉先行赔付等优质服务。成立街区商会、街区自治联盟、街区文化产业联盟、南京夫子庙小吃协会等行业自治组织；组建由公安民警、街区管理人员、商户代表构成的街区平安志愿者大队；全面实施店长制管理，从而实现街区众管共治。

（三）特色亮点

1. 升级消费场景，提振消费活力

南京夫子庙步行街通过消费场景的多元升级、消费产品的迭代创新以及消费容量的扩充来招引客流、促进消费，努力擦亮夫子庙步行街"最具消费特色和消费活力街区"这块金招牌。在民国首都大剧院旧址上改造而来的"秦淮·戏院

---

① 秦淮区人民政府办公室.夫子庙步行街区入选"全国首批试点步行街"[R/OL].（2019-03-11）[2023-09-25].http://www.njqh.gov.cn/qhqrmzf/201903/t20190311_1460654.html.

里"推出了沉浸式戏剧表演《上元灯彩图》，将主题景观、演艺内容、商户业态等有机融合在一起，为用户带来身临其境的奇幻体验，通过玩转声光电和互动式的表演，满足了年轻人对交互性、体验性和社交属性消费的需求，身着古装的小商小贩穿行其中，随机互动表演，沉浸式戏剧体验让老景点焕然一新，丰富多样的消费场景一改过去人们心中对夫子庙的刻板印象，将休闲娱乐、零售、餐饮和酒店融为一体，满足一站式需求，有效地提高了消费流量。为了促进文化消费，夫子庙步行街对商旅文综合体、老街区、文化主题酒店等诸多消费业态进行全面升级，开办特色活动，实现文化与消费有机融合，并注入艺术、科技、网红等元素，形成文旅商融合的"潮业态"。夫子庙步行街在传统文化基础上衍生出来新的消费场景和文创品牌，走一条"挖掘故事线、设计旅游线、打造产品线、推出消费线"的消费培育升级之路。以秦淮文化为母体，沉浸式体验为核心，布局创意手工、品牌文创、秦淮非遗为主题业态场景，打造具有南京自身特色的沉浸式商业街。

2. 挖掘品牌资源，打造特色IP

第一，挖掘品牌资源，打造"老字号+新零售"主题，凸显7家中华老字号和6家地方老字号，增设20多处智慧型零售设施和休闲式外摆设施，丰富秦淮小吃的品质和内涵。加强老字号品牌资源挖掘保护，扶持做大现有奇芳阁、莲湖糕团等老字号，积极引进更多老字号品牌。对秦淮小吃实施贯标管理、挂牌管理和人气指数管理。打造"MO音琵琶街"网红打卡地，聚集休闲娱乐、新奇文创、南京首店等年轻群体喜欢的新业态。围绕消费潮流热点，形成"秦淮夜肆"主题IP，举办"古秦淮·新国潮"市集、梦回金陵VR剧本杀、上元灯彩奇妙夜等活动。积极开展线上线下相结合的发展模式，打造云游灯会、云祭孔等一系列云游夫子庙活动。第二，深耕文化内涵，打造"文字头+潮流店"主题，按照消费在店中、故事在路上的思路，通过"文化"这条线，将每个点串成文商旅产品。夫子庙步行街创新推出"秦淮礼物"旗舰店和主题店，深挖秦淮文化内涵，精耕文创主题IP，打造成目前全国最大的以科举文化为主题的文创产品集散地，推出状元郎、秦淮八艳等多个主题系列8000余款文创品种，以文创的方式将秦淮故事转换成可以带走的秦淮礼物。第三，打造"日观光+夜体验"主题，步行街联动周边老门东、明城墙等资源，白天强化观光游，晚上通过"金陵寻梦·夜瞻园"等沉浸式演出活动，彰显"夜之金陵"特色品牌。

3. 培育夜间经济，实现全天候游览

在江苏省省级夜间文旅消费集聚区建设指南的指导下，夫子庙步行街以"地域特色+文化元素"为方向，进行夜间文旅消费场景设计和主题营造，围绕"夜购、夜食、夜宿、夜游、夜娱、夜读、夜健"等业态推出了多项特色活动，推出桨声灯影夜游秦淮、科举博物馆奇妙夜、水平方夜光森林、"声临其境"直播夫子庙等夜间特色项目，进一步延长科举博物馆、秦淮游船、江南贡院等景点开放时间；鼓励民宿业发展，以棋峰试馆、夜泊秦淮君亭酒店等为引领，整合秦淮河、瞻园、明城墙、大报恩寺等景点资源，联动朝天宫、老门东等旅游动线，促进白天的观光旅游和文化体验等。同时，大力培育夜间经济，延长主要景点、商家夜间营业时间。结合现代科技，定期举行夜愚园、《明月印·中华门》等沉浸式演出，打造"秦淮有戏"特色品牌。"夜泊秦淮"文化主题酒店已形成聚落，实现"一酒店一文化一特色"，让游客在街区慢下来、停下来、最终留下来。

二、粤韵南音——广州市荔湾区永庆坊历史街区

（一）案例背景

永庆坊位于被誉为千年商都核心的广州市荔湾区，因拥有"一湾溪水绿，两岸荔枝红"的千年名胜荔枝湾而得名，由于地处广州城西门之外，又称"西关"。永庆坊由三横五纵街巷和四大主题空间组成，其中恩宁路沿街轴、片区中心轴、荔枝湾涌沿河轴三大横轴串联五条纵轴，形成整体片区骨架街巷，四大主题空间包括一街（恩宁路骑楼街）、一涌（荔枝湾涌）、一馆（粤剧艺术博物馆）、一院（金声电影院）。永庆坊东连上下九地标商业街，南衔沙面，是极具广州都市人文底蕴的西关旧址地域，街区背靠著名的粤剧历史博物馆，街区内部有李小龙祖居、詹天佑故居、八和会馆、銮舆堂、宝庆大押等历史老建筑。这条老街在晚清开埠的时候曾经是南部中国的经济核心区域，2016年，万科中标永庆坊一期项目并进行改造修缮，一期占地面积约8000平方米，更新建筑物约7000平方米；2018年8月获取永庆坊二期，占地约9万平方米，更新建筑约7.2万平方米。这条百年老街承载着西关老城几代人的辉煌与记忆，拥有全广州最长最完整的骑楼

街、82处相关保护建筑，被誉为"广州最美老街"。永庆坊文化旅游资源丰富，三大片区独具一格，交相辉映，集聚形成西关文化风貌最典型的代表街区，坐拥得天独厚的"最广州"历史人文资源。永庆坊片区集聚粤剧曲艺文化、南粤影视历史文化，拥有骑楼、民居、麻石街巷等西关建筑、生活、商业文化元素。街区内各种岭南传统文化元素均展现出独特风采，比如西关大屋建筑群，各类历史名人故居旧迹、典故，享誉海内外的泮溪酒家等美食老字号和各式驰名西关小吃，以及粤曲粤剧、三雕一彩一绣、国医、武术、乞巧、年俗等非物质文化遗产资源。此外还每年举办水上花市、三月三、五月五、七月七等传统民俗节庆活动，天然就是"最岭南"民俗生态大观园，且其内有荔枝湾涌与龙津西—恩宁路水陆交叉的两条廊轴贯穿，文化和旅游资源优势在粤港澳大湾区乃至岭南地区无可比拟[1]。

永庆坊按照"老城市，新活力"的总体要求注入新时代的城市生活形态，是广州市致力打造的、具有历史文化传承和当代都市生活融合的、中国新时期城市有机更新的标杆。永庆坊探索出了"党委统领、政府主导、企业承办、社会参与"的旧城微改造模式，项目实施中，充分贯彻落实习近平总书记"要突出地方特色，注重人居环境改善，更多采用微改造这种'绣花'功夫，注重文明传承、文化延续，让城市留下记忆，让人们记住乡愁"的重要指示，用"绣花功夫"活化广州最著名的历史文化街区，营建以"坊、巷、里、弄"为格局的开放式街区，形成都市中低密度的新人文体验场所，让老街重新焕发新生。在"推倒重建"的改造浪潮中，独树微改造模式的旗帜，为城市文脉的赓续开辟新途，具有时代引领性。不同于"推倒重建"的做法，微改造模式基于原来外轮廓不变的前提进行建筑立面更新，让"旧"和"新"充分地有机结合。秉承"修旧如旧、建新如故、新旧融合"的理念，永庆坊既保持了浓郁的西关风情，又融合了新潮时尚的元素，永庆坊不仅是"老西关"街坊的精神家园，也是游客云集的网红打卡地。据统计，永庆坊日均客流量达3万至5万人，周末及假期甚至超过10万人[2]。2020年，广州西关永庆坊正式挂牌成为国家AAAA级旅游景区。2022年，

---

[1] 贾亭沂.首批国家级旅游休闲街区在永庆坊感受"一湾溪水绿，两岸荔枝红"[EB/OL].(2022-02-07)[2023-09-25].https://baijiahao.baidu.com/s?id=1724079398785259252&wfr=spider&for=pc.

[2] 黎雨桐.非遗好young｜建新如故：广州最美骑楼街，藏着一个国家级"网红"！[EB/OL].(2023-07-13)[2023-09-25].https://baijiahao.baidu.com/s?id=1771274022736692493&wfr=spider&for=pc.

永庆坊被文化和旅游部认定为首批国家级旅游休闲街区之一。

（二）建设方案

1. 旧城微改，新旧有机结合

2006年，广州启动了恩宁路的旧改工作，经过十余年的探索，由"大迁大拆大建"转为"保护更新利用"，并于2016年提出了"微改造"的城市更新模式。注重文明传承、文化延续，是永庆坊"微改造"的方向，在保留岭南古风特色及融合当代审美元素的基础上对范围内的建筑进行设计，注重老字号、传统产业与非遗文化的培育与展示，提高在地居民生活便利度与现代化。第一，房屋修葺时按照"修旧如旧，建新如故"的思想，强化岭南建筑整体风貌特色，保留岭南传统民居的空间肌理特点。第二，在保存原有空间肌理的前提下，对部分建筑适当拆除和原址重建恢复，获得入口空间和尺度适宜的步行通道。第三，在公共基础设施方面，片区内购置消防摩托、小型消防车等消防设施，房屋内增加消防喷淋，建立统一的消防控制系统；整理电力和通信线路，整齐划一；结合地面青石板路的改造，优化对行人步行影响较大的排水方式；利用部分已动迁收回的建筑，配建公厕等重要公共服务设施。

随着建筑的修缮、传统文化的焕新、多种新业态的引入和艺文高地的打造，永庆坊在文化传承与生活延续中注入活力，成为广州炙手可热的"网红"城市地标，寻找广州老城肌理的理想去处。永庆坊整体保留骑楼街风貌，顺应原来的街巷肌理，恢复一河两岸，开设了广州首个非遗街区，在二期旧居民楼外墙的非遗作品《木棉英雄树》灰塑立面墙也成为新的打卡点。永庆坊结合广州千年商都的历史根脉，荟萃在地岭南文化历史风貌，在原有街坊里弄的城市肌理上，保留和修复西关骑楼、西关名人建筑、荔枝湾涌、粤剧艺术博物馆、金声电影院等城市乡愁记忆符号，真正实现老城市文化名片和新活力都市生活的城市价值新组合，以实际行动推动最广州、最国际的广州岭南文化对外交流的窗口。

2. 资源活化利用，激发街区活力

永庆坊在对历史文化遗产资源进行梳理、挖掘、整合和提升的过程中，意识到资源的活化利用必将成为将来建设文化引领型消费中心的独特优势。一方面，在建设过程中针对片区内现存的文物保护建筑，邀请具备专业资质的公司、单位进行测量测绘，修缮设计，对结构进行加强加固；沿袭传统工艺，修复瓦屋面、青砖墙、红砖墙、灰雕、彩塑等传统元素，再现建筑传统风貌。另一方面，修缮后利用该场地举办具有西关特色的公共文化活动，以点带面，激发片区活力。例如设立李小龙祖居特展，复原西关大屋建筑，详述李小龙生平与演艺历史，该特展由13个主题篇章和3处过渡空间构成，除了有"李氏家族""少年得志""功夫巨星"等历史资料内容的呈现外，李小龙祖居还融合了更多现代科技手段来提升参观者的感官体验。参观者甚至可以与李小龙来一次"隔空交流"，"武学天才"展厅内的3D全息投影动态将李小龙的一招一式悉数还原。此外，永庆坊还建成传统文旅展示区，吸引众多年轻人积极参与；在乡愁广场定期举办文化活动，男女老少能在这里感受老城生活的闲暇和快乐；荔枝湾片区通过打造水幕灯光秀、推进历史文化街区微改造、改善绿色生态环境、引入优秀文化业态等形成岭南古村新生活聚落、游客休闲娱乐空间、名人故所博物馆群等功能区。

永庆坊将深厚的岭南历史文化资源与商圈、旅游街区等串珠成链、连片成面，从艺态、形态、业态等方面，逐步形成了既有岭南历史文化风情特色，又能融合国际潮流和时代需求的新的社会和消费场景。注重活态保护，突出"留人、留形、留神韵"，力求"见人、见物、见生活"，结合文旅融合、经济发展、游客口味等新需求，将物质文化遗产和非物质文化遗产有机融合，重新激发老城市街区的传统文化活力。

3.多方合作共建，激励多元主体参与

汇聚多方力量，激励多元主体参与。依照《广州市城市更新办法》中第四十六条"政府主导、市场运作、多方参与、互利共赢"的原则，政府出让所持物业一定年限的经营权，吸引社会企业投资，并指导和控制改造工程的规划、建设和产业导入类型。具体来说，首先是政府主导，在永庆坊"微改造"模式中，政府建立起以"引入社会资本""搭建协商平台""保障公共利益"等内容为主的主导机制；其次是企业承办，政府与万科签订了BOT协议（Bulid-Operate-Transfer，即"建设－经营－转让"）的改造模式，公开招商引入万科，由企业负责改造、建设和运营，运营期满后交回政府，实现政府、民众和企业的"三方共赢"；最后是居民参与，重视公众参与，通过公共平台，让社区的新老居民达成文化和价值共识，使居民能够更好融入社区。

以永庆坊非遗街区为例，广州市文广旅局确立了"多方合作共建"的模式，首批确定了广彩、广绣、珐琅、骨雕、榄雕、醒狮、饼印、箫笛、古琴等具备较强创新意识和市场运营能力的 10 个进驻项目，建立 10 间集展示、展销、体验、传承、交流、培训等功能于一身的非遗大师工作室。政府以资金补助的方式对之进行扶持，永庆坊的运营方万科公司在场地租金上给予优惠并做好相应配套，非遗企业自行承担政府补助后的剩余支出及内部装修等费用，并履行传承、创新等方面的承诺。如今，非遗街区的大师工作室已增加到 11 家[①]。

（三）特色亮点

1. 集聚岭南非遗特色，打造非遗体验区

以非遗"土著"焕新"老城"街区，以产品思维推动广州非遗创新表达是永庆坊街区建设的一大特色亮点。2020 年，永庆坊打造了广州首个非遗街区，集聚了一批粤剧曲艺、武术医药、手工印章雕刻、剪纸、西关打铜、广彩、广绣等非物质文化遗产，广彩、广绣、珐琅、榄雕、醒狮等 10 余非遗文化项目入驻其中，10 余位国家、省、市级非物质文化遗产传承人在此开办了工作室，集体验互动、展示和销售于一身，市民游客可以一站式体验和了解广彩、广绣、珐琅、骨雕、榄雕、醒狮等岭南非遗文化[②]。首家"岭南风"主题店进驻永庆坊，并将三雕一彩一绣、铜板浮雕等老广州元素融入空间，店面主入口沿用永庆坊区域的原始结构。UCCA Lab "有中生有"西关故事新编展通过装置、新媒体以及声音艺术等多领域的艺术表现形式，对广州珐琅、广州榄雕、广东醒狮和岭南古琴艺术 4 个非遗项目进行了全新演绎，尝试探索非遗与当下及未来语境的关系，以"赋新传统文化"的方式打开观众对非遗在现代社会中多样性存在的想象，拉近非遗与都市生活的距离。

非遗街区提供了一个可以方便购买优质非遗产品的创新渠道，以产品观念和商品意识，促进广州非遗的良性循环。比如荔湾区非物质文化遗产协会的乡村振兴非遗文创、余同号的饼印工具和饼模、广辉彩瓷与丽思卡尔顿合作推出的月饼礼盒、博雅藏珍牙雕工作室推出的牛骨印象、榄有文化非遗生活馆的榄香和榄粽等相关的文创产品丰富着广州非遗的创新表达。非遗街区能够让游客"见人见物

---

① 肖阳. 见人见物见生活！广州首个非遗街区"永庆坊"开街 2 周年［EB/OL］.（2022-08-22）［2023-09-25］. https://www.sohu.com/a/578982164_161795.html.
② 黎存根.「活力广东 时尚湾区」永庆坊，历史肌理与当代"微改造"共铸城市新地标［EB/OL］.（2023-07-05）［2023-09-25］. https://baijiahao.baidu.com/s?id=1770545346943053070&wfr=spider&for=pc.

见生活",现已成为游客品味羊城百年老街市井气息、体验岭南文化艺术魅力的"新窗口"。

2. 完善服务体系,引入复合多元业态

一方面,永庆坊建立起完善的服务体系,制定安全、卫生等管理制度,在重点区域设有游客中心和规范化导览标牌,为游客提供直观、准确的游览及方向指引;打造西关文化风情元素旅游厕所;设有长廊、石凳、木凳等多处公共休息和观景设施等,能充分满足游客休息和观景等基本需要。另一方面,永庆坊通过"修旧如旧、外旧内新"的"绣花功夫",将商业品牌、潮流艺术、乡村振兴等与非遗资源相融合,在原有的街景风貌和居民生活环境中,育成了一批新业态、新模式,传承西关文脉,展现出岭南文化的新姿新貌。建设前期补齐街道内的基础设施短板,设计房屋内部时融入现代建筑元素,在遵循整体风貌的基础上,引入调性适配的餐饮、特色零售、文创空间等一系列更为复合且多元的业态形式及社区服务、旅游服务设施,实现文化和产业双重复兴。青石板、黑瓦顶的古意街巷上引入很多标新立异的店铺,比如猫的天空之城、字活活版印刷体验馆、Livin Fastfood,以及买手店、livehouse、餐酒吧、餐厅、咖啡空间等多元业态。

3. 打造文化地标,建设特色鲜明的旅游街区

随着永庆坊二期对外开放,文化体验项目不断完善、主题客栈迅速发展,广州市荔湾区永庆坊已成为全国知名度较高、中外游客向往的旅游度假目的地。其先后引入非遗文化品牌、国际餐饮、活力潮牌等122项,通过硬件提升、软件配套,陆续开放了非遗街区、滨河段、金声段等空间,丰富永庆坊的"文化+商业+旅游"特色体验,掀起老城区文化商业热潮,以文化地标带动流量变现,支撑老城市焕发新活力。以广州市花红棉为题,特邀岭南灰塑国家级传承人邵成村,在现场量身打造英雄木棉盛景,通过以点带面的方式,增加永庆坊的记忆点和文化吸引力,极大提升了永庆坊作为岭南文化中心极核地标的影响力。荔湾区结合粤港澳大湾区发展规划纲要和岭南文化中心区发展规划要求,推进城市建设提质升级和城市历史文化遗产的保护活化利用,深化文商旅融合发展,推动城市文化综合实力出新出彩、实现老城市新活力,通过挖掘文化、完善设施、提升服务、优化管理等工作不断丰富街区内涵、提升街区品位、扩大街区影响、增强街区吸引力,将广州市荔湾区永庆坊打造成特色鲜明的旅游休闲街区。

三、快耍慢活——成都远洋太古里

（一）案例背景

成都远洋太古里秉持"以现代诠释传统"的设计理念，将成都的文化精神注入建筑群落之中，这座城市的色彩与质感，成都人的闲适与包容，点点滴滴的地域特色在房屋、街巷、广场一一呈现。街区以川西风格的青瓦坡屋顶与格栅配以大面积落地玻璃幕墙结合现代时尚气息，让多座二层独栋建筑在反映老成都深厚人文内涵的同时也兼具了洋气与时尚的现代属性。建筑单体除品牌展示面板运用玻璃幕墙外，与周围古建筑融合从建筑高度、色彩搭配、建筑风格细节中均凸显其古朴沉稳、大气的风格，包括商业内街中点缀造型各异的路灯等元素，真正做到建筑与城市文化相结合。通过保留古老街巷与历史建筑，再融入 2~3 层的独栋建筑，以古典穿插现代的手法营造出一片开放自由的城市空间。在遵循古建筑原本比例的基础上，成都远洋太古里采用国际最新的保护复原体系，最大限度复建广东会馆、欣庐、马家巷居士禅院，章华里 7、8 号院，笔帖式街 15 号院 5 处历史古建筑，同时，融入更多文化创意以及对建筑保育的新理解，根据它们各自不同的建筑风格量身定制其未来的用途，最大限度保留和延续它们的历史和文化价值。以现代建筑风格融合传统建筑群落，老成都的文化底蕴在太古里街区重新焕发活力。此外，极具优势的交通和人流优势，助力成都远洋太古里的可持续性发展。街区位于成都锦江区大慈寺路以南、纱帽街以东，毗邻历史悠久的大慈寺，与"中国十大步行街"之一的春熙路步行街接壤，位于市中心的核心区。街区周边汇集了之前的仁恒置地广场、伊势丹百货、伊藤洋华堂、太平洋百货等地标商业及最近两年新落成的九龙仓旗舰项目成都国际金融中心（IFS）、银石广场等最新物业[①]，商业集群效应显著。同时街区与已开通的成都地铁 2 号线及 2015 年开通的 3 号线交会站（春熙路站）直接连通，轨道交通的打通对将来保证客流、增值地价、持续吸引媒体高关注度以及提升综合经营指标等均有裨益，因此，远洋太古里项目的选址及区位具有难以复制的优势。

---

① 派澜设计 PDS. 为什么它是中国最好的商业项目？十大成功因素分析[EB/OL].（2019-07-29）[2023-09-25］. https://www.toutiao.com/article/6718977926500450827.

以人为本和可持续发展一直是成都远洋太古里项目发展的核心理念和长期策略。成都远洋太古里规划之初，立足于大慈寺片区的历史文化特性以及春熙路商圈的传统形态，在对成都的城市发展以及当地人的生活消费习惯进行了全面深入的研究后，根植于城市原型，把传统的公众生活空间、文化历史的资产、公园一般的环境升华为街巷的氛围，并转化为商业运营活力，从而助力成都城市核心的可持续发展。在运营建设中，持续性贯穿"以人为本"的开放概念，以现象级的国际品牌资源和丰富精彩的文化艺术活动输出，打造出国际都市中心的前沿消费体验，最终把年轻人引回线下场景并产生消费。通过市场的自然推动和集团的定位表现，成都远洋太古里未来将继续围绕"艺术+重奢+休闲"的项目定位持续性地有机发展，巩固其作为中国内地西部高端购物和休闲地标地位。根植于成都的在地化，着重构建与品牌之间的前瞻性愿景协同，越来越多的迹象表明：成都远洋太古里，正成为"国际品牌在中国的重要文化输出窗口"。

（二）建设方案

1. 以现代诠释传统，打造街区式文化商业综合体

老成都的历史文化韵味和作为新时尚风向标的新旧碰撞，使成都远洋太古里在时间的流转中焕发活力。位于市中心的太古里，毗邻大慈寺，传统佛教文化与现代经济交错融合，形成以三条精彩纷呈的购物街贯通东西两个聚集人潮的广场，体现潮流经济发展的"快里"理念和围绕大慈寺精心打造的慢生活里巷，为休闲生活、热爱美食的成都人量身定制。其次，太古里保留和保护了东西糠市街、和尚街、笔帖式街、马家巷玉成街、华里等历史街道，并围绕着大慈寺，对其文化进行保育和更新，充分唤醒人们的记忆，引领大众重新去发现被忽略的社区，围绕文化历史所营造出的场所感让人们重新聚拢在这片区域，城市文化记忆和历史建筑风格的融合，体现出成都特有的场景和风景。太古里始终秉持"以现代诠释传统"的设计理念，将成都的文化精神注入建筑群落之中，这座城市的色彩与质感，成都人的闲适与包容，点点滴滴的地域特色都在房屋、街巷、广场一一呈现。针对古建筑修缮和保护，其在遵循古建筑原本比例的基础上，采用国际最新的保护复原体系，融入更多文化创意以及对建筑保育的新理解，根据它们各自不同的建筑风格量身定制其未来的用途，最大限度保留和延续它们的历史和文化价值。川西民居质朴素雅而又开敞自由的建筑风格、沿承至今的古老街巷、

老成都的市井风貌与人文韵味得以保留重现。

街区建筑是城市文化、历史和人的反映。太古里在传承文化遗产的过程中，将建筑体量化整为零，创造出类似城市街道特性的外部空间体系，使街区在具备综合体建筑基本特征，如开放性、综合性、整体性的同时，还具有低密度等区别于其他综合体建筑的显著特点。与传统室内购物中心单一的业态形式不同，成都太古里通过保留历史街巷和传统建筑，将川西风格的青瓦坡屋顶与格栅碰上大面积形式的玻璃落地窗，以现代传承历史，在愈加拥挤的高楼大厦中营造出开放而自由的城市空间，传统和现代、快里和慢里的融合，延长消费者驻足时间，增加消费机会。在复合化功能搭建方面，其将商业、餐饮、文娱等生活功能进行组合，在各部分之间建立相互依存、相互裨益的关系，从而形成一个集多功能、高效率、复杂而统一的街区式文化商业综合体。

2. 坚持以人为本，构建可持续治理体系

人与人之间的关系、互动与交流是城市发展的重要元素，而街道就是促进这些互动交流的平台。成都远洋太古里坐落于市中心，作为城市人文交流的重要窗口和市中心的步行交会网络，始终将"以人为本"的理念贯穿街道规划、零售概念打造、设计运营、公共服务等街道日常发展过程中，实现街区可持续发展[①]。在内部动线方面，保留城市原有记忆。成都远洋太古里根据城市原有的街道脉络，将30栋以创新现代的建筑设计演绎川西传统建筑风格的独栋新建筑，沿原有的城市肌理展开街道规划，实现该区域历史资产的保育活化、新旧资产的融合和城市中心的有机更新。在零售概念打造方面，成都远洋太古里另辟蹊径，基于对成都开放包容的城市性格以及快慢相宜的生活方式的理解，原创了"快里与慢里"的零售概念，将它植入开放式的街区，去规划丰富的业态组合、主力店引进以及多元化的生活、消费场景的打造。立足于大慈寺片区的历史文化特性以及春熙路商圈的传统形态，在对成都的城市发展以及当地人的生活消费习惯进行了全面深入的研究后，成都远洋太古里最终决定根植于城市原型，把过去的公众生活空间、文化历史的资产、公园一般的环境升华为街巷的氛围，并转化为商业运营活力，从而助力城市核心的可持续发展。在商业运营方面，成都远洋太古里也

---

① 泽宇."撒捺之间"，成都远洋太古里延伸空间与消费体验的边界[EB/OL].(2023-05-05)[2023-09-25]. https://finance.sina.com.cn/jjxw/2023-05-05/doc-imystpar2969467.shtml.

以一贯秉承的以人为本的理念，选择以在地文化和情感为纽带，和消费者共建一种"归属感"和"拥有感"，将店铺设置、业态分布、潮流文化与年轻人深度融合，以年轻的生活形式与城市呼应，让"年轻"成为这里最大的特征。在公共服务方面，旅游精细化服务是全域旅游发展的重要一环。成都远洋太古里街区以主客共享、主客共建为核心理念，通过完善旅游公共交通服务体系、优化线下旅游服务中心布局、打造线上旅游信息服务平台等举措，推动旅游业和各行业的深度融合、相互促进、共同转型升级。精细维护1000多个线下点位，包括导视、各种长期或阶段性美陈、各类植物、休息座椅、广告位及众多公共设施和空间等，全面提升了服务体验。与游客共享老成都文化底蕴，成都太古里打造出了一个覆盖全域、全面畅达的街区旅游网络体系，推进了"互联网+旅游"，推动了5G、人工智能、大数据等在文化旅游领域有效赋能应用。

在国家的"双碳"目标之下，成都远洋太古里致力成为"可持续发展表现领先全球同业的发展商"，在社区营造、以人为本、伙伴协作、环境效益、经济效益五个支柱层面提出可行性策略，并且在2020年初已取得实质性进展：成都远洋太古里被评选为全球首个荣获最高等级铂金级认证的开放式街区商业，也是中国首个取得LEED v4.1铂金认证的纯购物中心项目[①]，并于2020年率先实现了全年100%使用可再生电能，成为四川省首批实现"净零碳"用电的企业。从2017年开始，成都远洋太古里就向餐饮租户提出了"绿色厨房"的环保倡议，通过为餐饮租户提供技术协助，以科学的手段实现租户节能减排的环保目标。据了解，截至目前，成都远洋太古里已有5家餐饮租户获得"绿色厨房"认证、5家国际零售品牌店铺成功获得LEED的绿色环保认证，并且还有更多品牌在申请认证中。可见成都远洋太古里在顺应国家政策之下，牢牢地把握住了城市发展脉络，立体地展现出由里及外的、对可持续化发展的重视和追求。显然，成都远洋太古里借由"城市文化输出"与"可持续化发展"的双重价值体系构建，正引领着整个零售商业市场进入全新的发展阶段，这亦是以"具有全球影响力和美誉度的现代化国际大都市"为目标的成都源源不断注入活力的核心原因。

---

① 太古地产SD2030.突破全球首个，成都远洋太古里荣获LEED v4.1铂金［EB/OL］.（2020-03-29）［2023-09-25］. https：//www.igreen.org/index.php?a=show&c=index&catid=15&id=13304&m=content.

3. 多措并举，全方位打造智慧型购物中心

成都远洋太古里作为国家级休闲街区之一，以现代诠释传统，保留老成都历史文化记忆，是全国各地游客抵达成都的旅游打卡目的地之一。为确保在旅游高峰期、重要节日及重大活动期间的安全、有序，切实保障游客生命安全，维护街区正常运行，太古集团从防范措施、现场管控、突发事件有效应对三个方面着手，形成了一套对路管用的工作做法。完善安全制度与应急预案，确保防范措施落实落细，针对节假日期间天气和人流特点，结合历史客流分析，制定安保点位部署图，提前做好防范措施，强化安保风险评估，及时发布流量信息，引导游客合理出行。街区加强风险监测和隐患排查，确保现场管控科学有序，充分运用基于移动互联网和大数据分析的智慧景区管理平台、电子围栏技术、大数据智能分析技术等手段对人员流量进行实时准确监测，对视频监控、街区出入口的人流统计、报警监测系统等进行集中采集、分析、管理，推进各系统之间的互联互通，实现对街区的监控管理、客流统计、报警监测、指挥调度等业务的统一管理和分析。

在数字化和节能建设方面，由最贴近用户的市场部门入手，将消费者需求作为计划制订的起点，与IT技术部门一起倒推系统功能和架构，经过无数次头脑风暴、反复设计场景、不断设定功能，持续推翻重构、迭代更新，在对系统数据采集分析的基础上，开发出了"优悦里"会员系统，成功连接智能化供应商的后台，全面接入扫码自助积分、自动识别积分及扣费的无感停车、代客泊车、室内店铺精准导航等一系列智能化系统，运营流畅程度极高。通过搭建全面的信息化体系，包括智能POS、移动支付、CRM、微信营销平台、数据采集及营销、智能停车、室内定位导航、反向寻车、BI等方面，街区积极从各个角度全方位打造智慧型购物中心。随着低碳节能在内的可持续发展课题成为一项人类命运共同体的重大使命，成都远洋太古里与清华大学建筑节能与可持续发展联合研究中心专门成立了工作小组，专门进行了室内空气质量研究并制定改善方案，措施包括减少空气渗透、通过电极化促进空气净化、使用物联网感测器在网上监控室内空气质量、安装符合WELL第二版标准的实时感测器监控室内空气质量数据等。2020年，成都远洋太古里全面实现了100%使用可再生能源电能，包括水力发电、风力发电及太阳能，成为四川省首批于业主及租户营运中实现净零碳用电的企业之一。以人为本的核心价值观与可持续发展底层逻辑结合在一起，孕育了成都远洋太古里着力于让在这里工作、生活、游逛、休憩的所有人都持续感到舒适自在的企业原动力，也让这座本就具备极强开创性和引领性的商场，从硬件到软件的所有细节，都充满了人文关怀与长期主义的浓郁色彩。

（三）特色亮点

1. 人文、艺术和自然的碰撞和融合

不同于传统封闭式购物中心，成都远洋太古里快里和慢里构成的开放式、低密度街区购物中心，充分体现出"开发街区、新旧融合、快慢呼应、文化传承、空间共享、永续都市"①的核心规划理念。在愈加拥挤而不断向高发展的都市中心，成都远洋太古里保留一片低密度开阔空间。太古里总体建筑风格呈现出新中式的特点，通过搭建多元化的户外空间，结合广场和街道的尺度，易形成宜人的商业氛围。商业街区独栋建筑体融合周围保留古迹历史建筑、川西农居风坡屋顶造型、建筑主体深褐色主调色彩搭配等细节，包括二楼连廊的地面铺装均采用石材，历史怀旧感凸显，与周围古建融为一体，以现代诠释传统的建筑理念营造出一片开放自由的城市空间。川西民居质朴素雅而又开敞自由的建筑风格、沿承至今的古老街巷、老成都的市井风貌与人文韵味得以保留重现，令人心旷神怡的城市中心即将重现活力，续写未来更多可能。

成都远洋太古里将文化、艺术与商业相结合，在都市的核心，兼顾国际视野与地域特色，甄选引入各类优秀的文化艺术活动，为川流不息的访客创造多元化的人文空间，让"常逛常新的品牌店铺"和"时尚艺术的氛围感营造"成为它的核心魅力。2022 年街区组织的《共融之境》秋季主题活动，致敬自然的脉络、文化的共融和时间的美妙，塑造了城市文化，丰富了城市精神图景的纽带，从线下到线上，此番成都远洋太古里的意境更延伸至虚拟空间，将"场所营造"的理念与成都远洋太古里线下空间特质相融合，不仅回应了数字时代零售发展的先锋趋势，更是回归成都远洋太古里"场所营造"的初衷，以线上空间为品牌和艺术家们提供更多元的"秀场"，突破时空的界限，探索未来零售体验的更多可能。自创立以来，成都远洋太古里着力创造和呈现一种历史文化和前沿商业的独特融

---

① 名设网.成都远洋太古里：商业综合体设计中的思考[EB/OL].（2021-12-07）[2023-09-25]. https://www.sohu.com/a/506103400_100101250.

合，举办多样化艺术体验活动，传承文化遗产，将城市中心打造成为一个国际时尚和在地生活方式全面融合的重要场所。

以人、自然、文化为主题，以植物的形态、自然的风光、生活的元素融合东西方思想，成都远洋太古里邀请海内外多位艺术家量身定制21件匠心独运的艺术品，在开阔的天空之下沉淀艺术之美，让生长于此的都市人感受一份朴质的真情。低密度、开放式建筑形态，古风建筑和现代商业的有机融合，远洋太古里给消费者带来了从未有过的新鲜感、远离城市喧嚣的心理放松感。

2. 多元共生，快耍慢活，演绎流动盛宴

商业地产项目能够为消费者提供何种的业态组合将直接影响辐射客群的年龄结构、职业范围及购买力强度，进而影响项目的经营表现及利润指标。成都远洋太古里融合了零售、餐饮、书店、影院、生活方式等多种业态。太古里商业共引进300多家品牌，以零售业为主，占比66%，汇集了包括古驰、卡地亚、爱马仕等一系列国际时尚品牌，将年轻人的生活方式和消费习惯贯穿品牌引进始终，让年轻成为太古里商业品牌的主要特征。在深刻理解成都这座城市以及成都消费者生活习惯的基础上，成都远洋太古里对其业态进行了多样化组合，特别引入快里、慢里概念，以国际一流品牌旗舰店引领时代潮流，以快慢生活相结合打造体验式消费集聚地。快里由三条精彩纷呈的购物街贯通东西两个聚集人潮的广场，众多国际品牌将以独栋或复式店铺完整展示他们的旗舰形象，为成都人提供畅快淋漓的逛街享受。2022年，成都远洋太古里开启场内品牌全面升级，隆重呈现了众多品牌倾注来自全球的创意巧思、打破常规的前瞻实验并致敬在地文化和成都之美的独特店铺概念和空间体验，将成都远洋太古里所营造的空间体验及现代时尚生活方式带向其新的高度。慢里则是围绕大慈寺精心打造的慢生活里巷，以慢调生活为主题。值得把玩的生活趣味、大都会的休闲品位、林立的精致餐厅、历史文化及商业交融的独特氛围，呈现出成都远洋太古里另一张动人面孔。除了精致美食，慢里还将引入各类文化生活品牌，为繁忙的都市注入美好的生活理念，涵盖书店、美学生活、服饰与咖啡等文化休闲体验场所，汇集世界顶级设计产品、文具、精选书籍，文化与时尚的完美结合让忙碌的都市人在这里慢下脚步，邂逅生活的美好，万物在成都远洋太古里共生共长、碰撞交融。在这场商业、人文与艺术流动的盛宴中，成都远洋太古里不仅为成都这座城市打造了一片别样的天空,更为成都市民带来了全新的都市核心生活体验。成都远洋太古里不断地在这方天地之间演绎古与今、传统与现代、本土与国际之间交融共生的千姿百态,将各路思想融合于此,构成了一场场文化与艺术的流动盛宴。

3. 汇聚年轻化品牌,引领时代潮流

成都远洋太古里以独树一帜的风格,化身成为城市体验"策展人",通过不断挖掘城市空间的可能性,结合年轻人的生活方式和消费习惯,引进潮流时尚品牌,围绕"艺术+重奢+休闲"的项目定位持续性地有机发展。新中式的建筑风格迎合各大奢侈品牌的选址诉求,七年来,成都远洋太古里也吸引了越来越多拥有厚重历史积淀的品牌投入特别的关注、创意和资源,以一些打破常规的努力和热情,与设计师品牌、奢侈品牌共同创造颇具前瞻性、更独特也更有趣的店铺和内容。这些力量和创意的汇聚,不仅是对成都独特文化和魅力的致敬,也代表了品牌对于在中国市场发展的积极探索和实验,为迈向世界文化名城的成都注入源源不断的活力,推动城市建设的可持续发展。2023年,成都远洋太古里开启场内品牌全面升级,隆重呈现了众多品牌倾注来自全球的创意巧思、打破常规的前瞻实验并致敬在地文化和成都之美的独特店铺概念和空间体验,将成都远洋太古里所营造的空间体验及现代时尚生活方式带向其新的高度。作为引领时尚潮流的行业风向标,成都远洋太古里以开放包容的空间布局,为消费者提供了一个持续生长持续更新的互动体验场所,成为众多消费者自我并互动的城市社交空间。全国的时尚潮人聚集在成都太古里,享受现代潮流、时尚与艺术、文化的独特融合,通过媒体传播的方式,宣传太古里的潮流动向。事实上,媒体介入增加了成都作为时尚之都的认可度,刺激市外民众前往街区消费。太古里围绕年轻消费群体,精准选择潮流品牌入驻类别、店铺选址、宣传策略,拓宽消费者的体验范围,对接国际市场,其创新式发展路径将激发人们对城市、生活和自我关系的思考作为城市中心的公共空间,将成都的人文情怀与情感记忆保留在商业发展后,与这座城市的文化空间与生活空间平行对接,在塑造新的商业核心的过程中,借用多元化的历史人文场域,注入了国际化、宽画幅的艺术人文视野,实现了城中心文化和时尚的碰撞和融合。

第七章　夜间休闲典型案例分析

改革开放以来，随着经济的迅猛发展，人们的生活水平不断提高的同时，压力也逐渐增加，人们往往是白天拼命工作，通过夜间休闲来释放压力，这是夜间休闲产业发展的消费端催生动力。然而，夜间经济发展是夜间休闲产业发展的重要基础、直观评价标准和原动力，直白地讲，即夜间经济的发展可以为夜间休闲产业供给端带来就业和资金，进一步优化产品和环境供给，为消费端提供多元消费业态、消费新场景，满足夜间休闲多元消费需求，也有利于提升当地城市的知名度和竞争力，优化夜间市场环境，催生夜间产业发展，故夜间经济的繁荣对夜间休闲产业发展有着十分重要的作用。

"夜间经济"，顾名思义，是一种基于时段性划分的经济形态，一般来说指从当日下午6点到次日早上6点所发生的三产服务业方面的商务活动，是以服务业为主体的城市经济在第二时空的进一步延伸。2019年，国务院办公厅印发的《关于加快发展流通促进商业消费的意见》中，首次将打造活跃的夜间商业和夜间市场作为目标，并由多部门参与负责，共同推进夜间经济消费优化、释放城市消费潜力。此后，各地以夜间经济发展为主旨，纷纷出台各类政策加以扶持，完善配套设施和服务，同时优化夜间经济结构，培育夜间生态，壮大夜间经济规模，这是夜间经济和夜间休闲产业发展的政策催生端。在消费供给方面，产业融合越来越广，创新与产业不断升级，现在的夜间经济早已经摆脱餐饮、购物的单一模式，形成了一个很大的概念，涵盖了商业、交通运输业、餐饮业、旅游业、娱乐业等第三产业的绝大多数职业，促进了产品的创新与产业的不断升级。

目前，夜间经济已被认为是撬动消费、提振经济的"金钥匙"。商务部城市居民消费习惯调查报告显示，中国城市60%的消费发生在夜间，大型商场每天18时至22时的消费额占比超过全天营业额的一半；在旅游人均消费的贡献方面，夜间消费至少是白天消费的3倍。夜间经济作为新型混合消费业态，不仅丰富了百姓生活，也带动了文旅市场的复苏，成为扩大消费、促进内需的新引擎，还通过产业融合营造多元消费新场景，已经成为城市竞争的新赛道。总的来说，发展夜间经济不仅释放消费潜力，拉动经济增长，同时也回应了人们对于美好生活的向往，对于经济建设以及精神文明建设都有着重要作用①。

本章节选取艾媒咨询公布的《2023年中国夜间经济城市发展指数排行榜》中夜间经济指数排名前三的重庆、上海、长沙三地作为中国夜间休闲典型案例地，介绍其案例背景，分析其建设方案，归纳总结其特色亮点，以期归纳出具有普适性的规律和经验，为夜间休闲产业的建设添砖加瓦②。

一、璀璨星城——长沙

（一）案例背景

长沙市，别称"星城"，是湖南省辖地级市、省会、特大城市，国务院批复确定的长江中游地区重要的中心城市、长株潭城市群中心城市，是全国"两型社会"综合配套改革试验区、中国重要的粮食生产基地，长江中游城市群和长江经济带重要的节点城市，综合交通枢纽和国家物流枢纽。长沙市被列入首批国家历史文化名城，历经三千年城名、城址不变，有着"屈贾之乡""楚汉名城""潇湘洙泗"之称，还被誉为"东亚文化之都""世界媒体艺术之都""最具幸福感城市""最具软实力城市"等。

当前，长沙市已经连续4年入选"中国城市夜经济十大影响力城市"，不仅拥有4个国家级夜间文化和旅游消费集聚区，还有着五一商圈、湾镇商圈、星沙商圈、火车站商圈、东塘商圈、红星商圈等九大著名商圈。2022年数据显示，长沙市夜间消费占全天消费比重达52.6%。长沙市夜经济蓬勃发展，离不开其丰富的夜间旅游资源和产品，例如：全长1千米的梅溪湖·梅澜坊街区，涵盖"夜宴""夜娱""夜演""夜购"四大夜游体系，形成独有的"湖畔漫游"夜经济，在街区内，既有酒吧和网红餐饮形成的"微醺新地标"，其也通过定期举办

---

① 新浪财经.以"夜经济"激发消费新活力[EB/OL].(2023-08-09)[2023-09-25].https://finance.sina.com.cn/jjxw/2023-08-09/doc-imzfpunp7411097.shtml.
② 艾媒咨询2023年中国夜间经济行业发展研究报告[EB/OL].(2023-07-18)[2023-09-25].https://www.163.com/dy/article/I9UL7L1N0514A1HE.html.

各类文创集市、非遗展会、国风巡演等文化活动，打造湖畔音乐现场，再加上稀缺优越的景观资源、文艺格调的街区氛围，构成了梅溪湖畔一道亮丽的风景线，成为长沙极具文艺生活气质的"漫生活"主题景区；在"一江两岸"灯光秀的掩映下，长沙开通了橘子洲西至三馆一厅的水上航线，以及浏阳河一日游、湘江泛舟游、橘子洲夜游、焰火游等多个夜游产品，再加上较为完善的夜间消费配套，形成了湘江夜游休闲经济带；有着一大批24小时书店、餐厅和便利店，再加上深夜场的电影院、KTV、网吧、酒吧等，为人们的夜生活增添色彩；有着电音酒吧、主题酒店、乡村民宿等个性化消费形态，这深受年轻消费群体欢迎，"深夜间经济"的延时消费渐成常态；有着超级文和友、茶颜悦色、柠季、黑色经典、墨茉点心局、费大厨辣椒炒肉等一大批"新网红"美食品牌，利用"美食＋旅游"激活"大旅游消费"等。

此外，在近几年里，为了刺激和稳固长沙市夜间经济的发展，长沙市政府主要颁布了以下文件和政策：2019年11月，长沙市政府发布《长沙市人民政府办公厅关于加快推进夜间经济发展的实施意见》，要求依托长沙独有的山、水、洲、城自然禀赋，以及中国历史文化名城、"世界媒体艺术之都"、"最具幸福感城市"、"最具软实力城市"等城市荣誉，结合长沙作为移动支付第三城、移动互联网第五城的巨大潜力优势，充分整合夜间消费资源，挖掘夜间消费新动能，着力发展具有创新引领和彰显文化特色的夜间经济消费业态，打造独具长沙特色的消费品牌，切实提高长沙城市夜间经济的开放度和活跃度，丰富"星城"夜经济应有的内涵；2020年，为规范提升全市夜市街区建设管理，促进夜市经济规范发展，打造全国知名"夜星城"，营造开放、有序、活跃的夜间经济环境，推进消费升级、激发城市活力、提升文化品位，助力长沙和谐宜居建设，长沙城管部门牵头制定《长沙市夜市街区改造提升工作实施方案》。

2020年7月，为进一步优化营商环境，在规范事中事后监管的同时，把握好市场监管工作的分寸和平衡，长沙市天心区政府发布《长沙市天心区市场监管局市场主体轻微违法实施告知承诺制度》，这可以为商事主体提供更为宽松便捷的市场准入环境和开放包容的创新创业环境，从而优化长沙市夜间休闲经济环境；2022年，首个由政府牵头成立的"夜间经济服务中心"在长沙落地，在夜间8点至次日凌晨2点营业，专门为夜间外出消费的市民、游客和商家提供保障服务；2023年4月，长沙市出台《长沙市关于打好经济增长主动仗推动经济高质量发展的若干政策措施》，围绕促消费、稳投资、扩外贸、强产业、扶实体五个方面推出23条措施，这也在一定程度上刺激夜间经济的发展，有利于夜间休闲产业的发展等。由此可见，当前长沙夜经济和夜间休闲产业蓬勃发展，有着丰富的资源和较多的政策支持，且连续几年入选"中国城市夜间经济十大影响力城市"，是夜间休闲典型案例地之一。

（二）建设方案

1. 场景和业态实现多元化，满足顾客多样消费需求

长沙市在建设与发展夜间经济的同时，建设了一大批文化、旅游、体育、休闲等领域相融合的主题化、特色化的夜间经济集聚区，实现场景多元化，且培育了丰富多样的业态种类，丰富了人们的夜生活，点亮了不一样的夜。

夜间经济集聚区是通过打造文化、娱乐、旅游相融合的沉浸式多元化场景，制造更具互动性、话题性和情感价值的活动来链接消费者内心。在这里，商业不再是单纯售卖、功利化的引流，而是与消费者达成一种情感的共鸣和对话的默契，融合了夜游、文创、娱乐、健身、演艺、体育等新兴消费业态的全新体验。目前，长沙市所建设的比较成熟的夜间经济集聚区有五一商圈、火车站商圈、漾湾镇商圈、梅溪湖商圈、武广商圈等，其中最具代表性的就是五一商圈。五一商圈位于长沙天心区，以解放西路和黄兴南路、黄兴中路为轴，汇集南北、东西两大城市主干道，是长沙的城市中心和商业中心，也是长沙唯一的市级商圈，也是长沙商业最成熟、人流量最大的核心商圈，被誉为"湖南第一商圈"。

商圈内商业氛围浓厚，业态齐全，集聚百货、购物中心、商业街区等多种商业类型，商圈内布局有万达广场、海信广场、乐和城、悦方ID MALL购物中心等大型购物中心项目。此外，五一商圈还有平和堂百货、春天百货、王府井百货等百货商场，有万达购物广场、沃尔玛、家乐福等大卖场，国美电器、苏宁电器、屈臣氏等专卖店，以及宝蓝街手机批发、西长街宠物市场等批发市场，还聚集了太平街、坡子街、黄兴南路步行街、解放西路酒吧街等特色商业街，其中商业街内有酒吧、KTV、按摩健身、美食餐厅、密室逃脱、便利店、路边摊、彩票、文创店、影院、话剧演绎等各种具体业态，足以满足顾客的多样休闲消费需

求①。由此可见，目前长沙市通过建设多元化、沉浸式夜间经济集聚区，来实现场景多元化和培育多种业态，迎合顾客多元消费需求，促进消费升级，来刺激夜间经济增长，促进夜间休闲产业繁荣发展。

2. 配套设施与服务完善，提升顾客消费满意度

长沙市在发展夜间经济的同时，也注重相关配套设施和服务完善，为顾客打造一个轻松便捷、安全舒适和充满责任感的环境，以此来加深从业者、当地政府与顾客的联系，提升顾客参与度和消费满意度。

近年来，长沙的夜经济在政策、场所和服务等方面都不断提升，为夜经济的发展提供保障。例如：2020年，为规范提升全市夜市街区建设管理，完善配套设施与服务，促进夜市经济规范发展，营造开放、有序、活跃的夜间经济环境，长沙城管部门牵头制定《长沙市夜市街区改造提升工作实施方案》；2022年，首个由政府牵头成立的"夜间经济服务中心"在长沙落地，在夜间8点至次日凌晨2点营业，专门为夜间外出消费的市民、游客和商家提供保障服务；现今，长沙地铁已经运营6条线路，公交也有多条线路，连接各大商圈，为顾客出行提供便利，设立夜间停车位、公交延时、加强景观建设、专门聘请律师进行免费公共法律服务，打造"聚天心惠生活乐消费""文旅消费节"等主题活动和一批智慧商店，率先实现5G全覆盖等。

此外，长沙的餐饮服务一直以来都非常出色，有许多高品质的餐厅和美食摊位，吸引了大量的消费者，代表性的有费大厨辣椒炒肉、茶颜悦色、炊烟小炒黄牛肉等，其独特细致的服务让其餐饮更具吸引力，还有长沙的夜间娱乐场所也在不断提升服务质量等。这些配套政策、设施和服务的完善，均为消费者提供了更便捷、贴心的消费体验，可以提升顾客消费满意度，提升城市居民幸福感。

3. 线上与线下营销相结合，提升目的地消费吸引力

俗话说"酒香不怕巷子深"，但实际上，酒香也怕巷子深。为了向更多的人展示长沙夜经济的繁华，加深"越夜越长沙"的城市印象，长沙市夜经济通过线上线下的营销组合，来扩大IP知名度和提升目的地夜间消费吸引力。

运用的线上营销方式有：通过在微信、微博、抖音等社交媒体平台上发布推

---

① 湖南省长沙市五一商圈［EB/OL］.（2021-11-14）［2023-09-25］. https：//www.douban.com/note/819646226/?_i=5489939Igm8MNQ.

广内容，吸引用户关注和转发，提高知名度和影响力；通过撰写优质的企业博客、新闻稿、视频等内容，吸引用户阅读和分享，提升目的地形象；还邀请本土明星来拍摄《守护解放西》纪录片，以进一步生动形象地诠释长沙夜经济的繁华和为之发展所做出的努力。

运用的线下营销方式有：在电视、广播等传统媒体上投放宣传视频，覆盖更广泛的受众群体；在公交车、地铁、商场等人流量较大的地方投放宣传视频，增加形象曝光度；举办一些节事活动、盛大会议或开展一些独特宣传，如盛大节假日的橘子洲"烟花节"、无人机表演、美食节等，以吸引更多顾客前来，提升目的地消费吸引力。

（三）特色亮点

1. 充分发挥潮流文化优势，打造城市独特 IP

长沙被誉为"潮流之城"，是潮流、嘻哈文化盛行地。在外地人眼中，长沙因其独有的娱乐氛围被人们冠上"造梦工厂"的称号，又因其独有的潮流文化和音乐元素，让这座城市成为新晋的网红城市。近些年，长沙市已经充分利用潮流文化优势，孵化了一些网红打卡地、本土潮流品牌和独特 IP，其中具有代表性的打卡地有长沙 IFS、坡子街、梅溪湖剧院等，本土潮流品牌有利郎男装、小美文邦、Belief、Ghettobro 等，独特 IP 有长沙正能量公益 IP——"新时代雷小峰"、"霸得蛮"湘军文创 IP、"红遍岳麓"文旅超级 IP、"超级文和友"、"黑色经典"等。这些网红打卡地、本土潮流品牌和独特 IP，提升了长沙的城市吸引力，是长沙夜经济发展的特色优势。

长沙市充分利用潮流文化优势的典型案例地是长沙 IFS。它不仅是网红打卡地，还是长沙潮流制造者和独特 IP 聚集地的代表地之一，一直秉承丰富城市艺术、不断提升城市生活艺术空间和创意体验的初心，让潮流时尚在长沙肆意生长，与城市一同更新迭代，组成了这座城市的生机所在。在长沙 IFS，会每年举办"潮鞋工厂"潮流展，而且孵化着多种本土潮牌，其七楼的长沙 IFS 联袂KAWS 倾心打造的首个铜制永久艺术作品 SEEING/WATCHING，成为长沙网红打卡地标，入夜之后，IFS 通过非常具有互动性的媒介来传达艺术，特别是升级夜景的灯光，采用不同的艺术形式展示了视觉层面和意义层面的冲击和传达。此外，这里潮流品牌集聚，打造时尚新"夜"态，带来了近 400 家品牌商户；在这里，有着多种新锐潮流玩法，如超嗨的潮音派对、潮玩市集、潮流品牌FUN快闪、限定周边等，引领夜间消费新风尚；在这里，聚集了"文和友""黑色经典""柠季"等潮流IP，丰富夜间经济业态[①]。

2. 努力打造多元品牌业态，尽显"网红长沙"ID

"越夜越长沙"是长沙夜经济的品牌定位，为了打造该标签、促进城市品牌形象营销、提升城市夜间吸引力以及推进文旅商融合，长沙推出了多元品牌业态，代表性的品牌业态有"黑色经典""超级文和友""茶颜悦色""颐尔康""柠季""象牙红KTV""Livehouse""梅溪湖剧院""岳麓书院""后湖街区""李自健美术馆""臻品足道""24小时健身房""芒果综艺"等。长沙的这些多元且独特的品牌业态，不仅为人们构建了丰富的夜生活、激发了消费活力并促进了消费升级，还打造出集休闲、娱乐、美食、年轻潮流于一身的"网红长沙"ID，给游客一种年轻、活力、潮流、极具幸福感的感受，吸引大量游客前往，进一步促成"网红长沙""幸福之城"ID。

3. 乘势把握政府政策红利，基本实现夜间经济领跑

长沙夜经济，连续4年进入"中国夜间经济指数"排名前十，其中在《2023年中国夜间经济城市发展指数排行榜》排名前三，基本实现夜间经济领跑。长沙夜经济的蓬勃发展，离不开国家和市政府各项政策的大力支持，这是实现夜间经济领跑的关键和独特因素之一，具体的政策与文件有：《长沙市人民政府办公厅关于加快推进夜间经济发展的实施意见》《长沙市夜市街区改造提升工作实施方案》《长沙市天心区市场监管局市场主体轻微违法实施告知承诺制度》《长沙市关于打好经济增长主动仗推动经济高质量发展的若干政策措施》等。在这些政策指导与支持下，政府联合企业、居民，整合旅游资源和其他相关要素，融合科技和文化，共同打造夜间经济消费新场景和文旅消费新业态，打造多个夜间经济综合体地区。

[①] 夜间消费观察.长沙IFS越夜越嗨[EB/OL].（2021-09-06）[2023-09-25]. https://baijiahao.baidu.com/s?id=1710116860479902394&wfr=spider&for=pc.

二、不夜山城——重庆

（一）案例背景

重庆市，别称山城、江城，是中华人民共和国直辖市、超大城市，国务院批复的国家重要中心城市之一、长江上游地区经济中心，成渝地区双城经济圈核心城市。重庆市是国家历史文化名城、巴渝文化发祥地，有 3000 余年建城史，自古被称为"天生重庆"，有着"中国山地城市典范""世界温泉之都""中国火锅之都"的荣誉称号。重庆市夜经济实力强劲，被誉为"不夜山城"，其在《2023 年中国夜间经济城市发展指数排行榜》中排行第一，成为年度夜经济吸引力和消费动能最佳，且在由世界节庆协会（IFEA）主办的"2023 亚太旅游节庆城市颁奖典礼"中，中国重庆和澳大利亚悉尼、韩国统营共同入选"2023 亚太三大旅游节庆城市"。

现今，在重庆市夜间休闲经济产业中，热门夜晚旅游景点有洪崖洞、解放碑步行街、南滨路、磁器口古镇、大剧院、长江索道、千厮门大桥、朝天门广场、南山一棵树观景台、渝中半岛、金佛山公园等，有着"夜味、夜购、夜玩、夜赏、夜养"的"五夜"齐备业态，"夜市节""摇滚音乐节""特色小店评选""街舞大赛""毕业季音乐节"等特色活动不断，还有着多品类特色街区、品牌节日。在政府政策方面，重庆市政府也发布了一些政策与文件，大力支持重庆市夜间经济的发展，例如，2014 年发布《重庆市人民政府关于发展夜市经济的意见》、2020 年发布《关于加快夜间经济发展促进消费增长的意见》和《重庆市夜间文化旅游消费集聚区评审办法（试行）》、2021 年发布《重庆夜间经济市级示范区建设规范（试行）》等。此外，"第四届中国（重庆）夜间经济发展高峰论坛"也于 2023 年 7 月在重庆举行，多省共同商讨夜间经济高质量发展，也有利于重庆领跑夜经济的城市实景宣传。由此看来，重庆市夜间经济活力强劲、夜间旅游资源丰富、休闲消费场景和业态多元、消费氛围活力时尚、有政府的大力支持等，是夜间休闲典型案例地之一。

(二)建设方案

1. 政府与企业的大力支持，共促夜间经济发展

重庆市在建设夜间休闲经济时，政府出台了一系列政策，有利于建设良好的市场供给和消费环境，鼓励企业积极参与夜间经济建设，形成利益共同体，共促夜间经济发展，推动产业创新和升级。

为刺激夜经济发展，近些年，重庆市所颁布的具体的政策与文件有：2020年7月，重庆市发布《关于加快夜间经济发展促进消费增长的意见》，提出"1+10+N"的夜间经济发展空间布局，就夜间经济规划布局、场景建设、业态培育、品牌打造和创新升级等系统推进，完善经济布局，营造多元消费场景；2021年4月，发布《重庆夜间经济市级示范区建设规范（试行）》，鼓励企业主动发挥山城江城特色，打造城市独特IP，将文化元素植入夜间经济，培育"五夜"（夜味、夜养、夜赏、夜玩、夜购）生活业态；2022年6月，发布《重庆市进一步释放消费潜力促进消费持续恢复若干措施》，鼓励消费跨界融合，支持创建国家级夜间文化和旅游消费集聚区，大力发展乡村旅游消费，支持开展消费节、文创夜市等活动；2023年3月，发布《重庆市推动成渝地区双城经济圈建设行动方案（2023—2027年）》，提出营造高品质国际消费空间，擦亮重庆夜景名片，建设夜间消费核心区；大力发展会展赛事经济，提升不夜重庆生活节全球知名度等。在这些政策的指导与支持下，企业乘势而行，积极把握机会和迎接挑战，激发良性竞争，不断实现产品升级和业态更新，共同参与构建一个动态稳定、和谐繁荣的夜间经济环境，为重庆夜间经济的蓬勃发展提供了坚实的保障。

2. 消费业态和场景的多元化，增添顾客消费潜力

近些年，重庆市依托商圈、夜市街区、特色商业街、旅游景点等区域建设了餐饮集聚型、购物集聚型、文体消费型、旅游观光型、国际风情型等夜间经济集聚区，并以此为依托，打造了"夜品特色美食、夜享运动康养、夜赏文化艺术、夜娱休闲观光、夜购时尚精品"五夜业态，还增添休闲设施，配置灯光、音乐，为消费者营造视觉、听觉、味觉多重体验。此外，还打造出以洪崖洞、大九街、磁器口、长嘉汇、"后备箱集市"、"时光塔"、"小新百集"等为代表的夜间消费新地标和新场景。

消费场景、业态的创新和多元是激发消费热情、促进消费升级的重要举措，即不仅可以满足顾客多元化、个性化的消费需求，还有利于增加顾客消费潜力，实现消费升级，提高夜经济综合收益。当然，要想不断实现场景和业态的创新，就离不开对消费群体的深入挖掘、对消费诉求的细腻洞察。为此，重庆市发现，目前夜间消费需求在体验式、沉浸式文化娱乐及创意方向上不断提升，于是其陆续打造了多个沉浸式项目，例如：在位于崖壁顶端的仁爱荒野剧场上演的户外戏剧《魔音派对》，大型实景演艺《百年山城 不夜重庆》，爱情喜剧《重庆爱情故事》，汇聚了各种美食、时尚、娱乐和文化的互动体验项目"山城集市"等，这不仅可以丰富文旅夜游的体验内涵，也可以提升夜经济综合效益。

3. 特色活动的多样化，焕新消费活力

为了丰富顾客夜生活消费内容、增强顾客沉浸式消费体验以及继续提升城市夜间吸引力，重庆市举办了多场特色活动，吸引了多数游客前往，不仅加深了游客"不夜重庆"的城市印象，还焕新游客消费活力，有利于其夜间休闲经济产业的发展。2023年7月至9月，以"爱尚重庆，不夜生活"为主题的2023年不夜重庆生活节活动期间，重庆38个区县结合本地特色开展超200场全域夜间消费活动，吸引1.5亿人次参与，整合多个消费平台，涵盖21万余线上线下商家，全网相关话题总量超12亿。

通过"不夜重庆"IP，重庆各区县深度融合区域特色，为市民带来了差异化消费体验——渝中区结合"江崖街洞天"夜间消费场景，推出"奇妙夜渝中"主题活动，广邀市民游客探索多个人气地点；渝北区紧扣中央公园，开展"渝北中央公园生活节"，以不同节气、不同消费阶段，推新公园生活方式；南岸区依托南滨路沿线，开展"不夜南滨生活节"，打造滨江夜间生活趣事；铜梁区深挖球迷经济，推出足球啤酒音乐狂欢活动；荣昌区结合七夕节点，推出七夕河灯旅游文化节，助推浪漫经济；高新区举办"2023慧享科学城·惠购消费节"、毕业季音乐节、街舞大赛等消费促进活动，嗨动全城，助力夜经济等。总而言之，重庆市通过差异化举办多元独特活动，增强城市夜间吸引力，焕新顾客消费活力，擦亮"山水之城""魔幻之城""不夜之城"等城市名片，助力夜间休闲产业发展。

（三）特色亮点

1. 打造经济集聚商圈和后街经济，焕活城市发展动能

重庆依托城市商圈转型升级，打造了一批引领夜间经济的标志性商圈，如观

音桥商圈、解放碑商圈、南坪商圈、三峡广场商圈、大坪商圈和杨家坪商圈等。商圈是夜经济提档升级的关键环节，也是吸引国际游客的重要载体，在促进城市消费升级，满足人民日益增长的美好生活需要方面发挥着重要作用。重庆的夜景商圈打卡点串珠成链，构建起全方位夜游场景。2023年"五一"期间，解放碑商圈成为全国夜间消费最旺的商圈，假期首日人流量达72.94万人次。"后街经济"是指利用支马路打造一批以特色品牌为引领、多元业态融合发展的特色商业街，协同主街构成兼具商业硬实力与人文软实力的商圈发展模式。发展"后街经济"可以为打造城市标志性商圈提供新动能，促进商圈优化升级。具体体现在：其可协力主街，提升商圈能级；可迎合消费导向，动态优化商圈业态配置；可兼容多重发展目标，促进商圈功能全面升级①。

当前，重庆的后街也带着促进经济社会发展的巨大潜力逐渐走向台前，涌现出了一大批接地气、有特色、叫得响的后街，例如位于重庆解放碑步行街与罗汉寺之间的"妙街"、被誉为"重庆最美的老街"的"戴家巷"、被称为"重庆小曼谷"的"紫薇路"等，"后街经济"正成为重庆经济社会发展的新引擎，是夜经济发展的新动能。重庆市集聚商圈和后街经济共同发展，有利于满足全客层需求、丰富"快旅慢游"体验和打造"一刻钟便民生活圈"的新增长点，焕活城市发展新动能。

2. 打造特色文旅街区，增强城市竞争力

近年来，沉浸式文旅街区已经成为城市旅游发展的新亮点，它不仅可以通过营造文化场景，再现街区历史风貌，还可以通过开发创新沉浸式娱乐项目，促进游客自发文化认同，成为城市旅游业发展的重要支撑，同时也将推动地方经济发展，提升城市形象和竞争力，促进文化传承和创新。重庆市在发展夜间经济时，打造了多个特色文旅街区。重庆市将特色文旅街区与城市历史文化保护相结合，通过修缮和重建老建筑，打造成为集文化、旅游、商业于一身的综合性街区，代表性的有贰厂文创街区（国家级）、沙坪坝区磁器口街区（国家级）、白象街传统风貌区、南川东街、黄桷垭老街等。在这些文旅特色街区，游客可以品尝地道美食、欣赏传统文化表演、参加特色活动等，感受城市的文化魅力，可以为游客

---

① 环球网财经.以"后街经济"打造城市标志性商圈[EB/OL].(2023-06-05)[2023-09-25]. https://baijiahao.baidu.com/s?id=1767819260301778083&wfr=spider&for=pc.

提供丰富多彩的旅游体验，成为城市独特的吸引力，增强城市竞争力。

3. 充分发展节庆旅游，打造城市独特 IP

节庆旅游是指利用地方特有的文化传统，举办意在增强地方吸引力的各种节日、活动，使旅游者在停留期间具有较多的参与机会，以促进地方旅游业的发展。在 2023 年亚太旅游节庆城市评比中，重庆市入选"2023 亚太三大旅游节庆城市"。近年来，重庆市充分利用节庆旅游来助推城市旅游和休闲产业的发展，已经成为夜间经济发展的一抹亮色。目前，重庆市具有代表性的节庆活动有"重庆小面文化节""露营音乐节""啤酒美食节""油菜花节""采茶节""四月踏青游""五一奇幻嘉年华""不夜重庆生活节""渝南民族生态旅游文化节""七夕节"等。重庆市通过举办各种特色节庆，使当地的历史文化以动态的方式得到再现，不仅可以丰富旅游地旅游产品，带动旅游消费，还打响了"山水之城""魔幻之城""不夜之城""旅游节庆城"等城市独特 IP。

三、魔幻夜都——上海

（一）案例背景

上海市，是中华人民共和国直辖市、国家重要中心城市、超大城市、上海大都市圈核心城市。上海基本建成国际经济、金融、贸易、航运中心，形成具有全球影响力的科技创新中心基本框架。它还是中国历史文化名城之一，代表文化有"吴越文化""江南文化""海派文化"等，被誉为"东方的巴黎""魔都""不夜城"等。

上海市夜间经济发展很好，极具代表性。据统计，上海的夜间灯光强度位列全国第一；2022 年，平均每日夜间出行人群规模超 177.19 万人、酒吧共计 2300 余家、livehouse 共计 140 余家、21 时后开场的夜间电影全年共计 13.57 万场；截至 2023 年 3 月，上海运营至 22 时后的地铁站点共 405 个，较 2022 年增加近 30 个，夜间活跃地铁站点数量居全国首位，同时，上海的夜间公交线路共计 1200 余条，超过全市公交线路的 80%，夜间公交的线路数量也居全国首位；在《2023 年中国夜间经济城市发展指数排行榜》中，上海市排行第二，已经形成商业、休闲和配套业态高度复合的夜经济核心引领区，已拥有遍布全市的夜间活跃消费人群规模。上海夜间经济的最大特色是多元繁荣。这里不仅有全天候活力的核心商圈、多常态化运营的品牌IP夜市标杆、各色各样的活动、独特的滨水夜间经济活力带，还有着旅游、文化、艺术和运动等跨界融合的多元业态，满足全年龄段消费者的多层次需求。

上海市夜经济发展的繁荣有序也离不开政府的规划与引领，近年来，政府为此而发布的政策性文件有《关于上海推动夜间经济发展的指导意见》《上海公安机关促进本市夜间经济发展"八条举措"》《上海市夜间经济空间布局和发展行动指引（2022—2025）》《2023年上海建设国际消费中心城市工作要点》等。综上，上海市发展夜经济有着很强的经济基础、便利的交通、配备良好的基础设施、丰富的资源、多元的文化以及政府的引领等，是夜间休闲经济发展实力强劲的典型案例之一。

（二）建设方案

1. 建立"夜生活首席执行官"制度，打造"海派夜经济"

上海市在发展夜经济时，建立"夜生活首席执行官"制度，充分调动企业的参与积极性，实现政府与企业的良性互动。自上海市商务委等九部门出台《上海市商务委等九部门关于本市推动夜间经济发展的指导意见》以来，在各区的积极推动和挖掘下，上海已有16位夜间区长和130余位夜生活首席执行官。在首届上海市夜生活首席执行官大会上，百联股份、UCCA尤伦斯当代艺术中心、Dark Runners、酒吧协会、星空间、第一财经、北境文化、全家、瑞安、豫园等近30家来自商业、文化、旅游、体育等行业的代表企业共同成立首届上海市夜生活首席执行官理事会，理事会今后将继续吸纳更多夜间经济各领域跨界企业代表。

上海的文化被称为"海派文化"。海派文化是在中国江南传统文化（吴越文化）的基础上，融合开埠后传入的对上海影响深远的源于欧美的近现代工业文明而逐步形成的上海特有的文化现象。"海派夜经济"是融合了"海纳百川，兼容并蓄"的海派文化元素的经济形态，代表性的地区有淮海中路商圈、黄埔滨江外滩地区等。"夜生活首席执行官"制度的建立，有利于"海派夜经济"的建设与发展，实现上海夜经济的多元与繁荣。

2. 完善"1+15+X"夜间经济空间布局体系，打造滨水夜间经济活力带

上海夜间经济发展的"1+15+X"空间布局体系，是在由上海市商务委组织

编制的《上海市夜间经济空间布局和发展行动指引（2022—2025）》正式发布的行动指引中被指出，即"1"指以一江一河交汇口为核心，沿黄浦江、苏州河岸线展开的1条滨水夜间经济活力带；"15"是全市范围内夜间活动最活跃、夜间项目最密集、最能引领潮流的15个地标性夜生活集聚区；"X"指将在各区培育一批多样化形态的夜间经济特色示范项目。

上海市商务委指出，上海将加快建设国际消费中心城市，聚焦点亮"一江一河"，完善"1+15+X"夜间经济空间布局体系，着力打造滨水夜间经济活力带，围绕夜购、夜食、夜游、夜娱、夜秀、夜读、夜动七大领域，丰富夜生活的多样性[①]。上海将持续打造一批夜生活新场景、新业态、新模式，提升夜间消费潜力，还要推出一批奋斗创新、点亮城市夜晚的"夜生活造梦师"，并且继续培育一批公益项目，致谢为城市夜间经济保驾护航、默默付出的都市夜归人，加快建设具有引领性的24小时活力城市。

3. 政府规划引领，打造国家级夜间文化和旅游消费集聚区

政府可以引导企业提供更好的夜间服务，提供必要的支持和优惠政策，同时鼓励企业积极履行社会责任，推动夜经济可持续发展。为了顺应国家文旅融合政策背景、推动夜间经济高质量发展、打造沉浸式多元消费场景和业态以及满足顾客多元消费需求，上海市政府统筹规划引领，发布相关政策或文件，推动建设国家级夜间文化和旅游消费集聚区。

目前，关于国家级夜间文化和旅游消费集聚区，上海市共有黄浦区外滩风景区、黄浦区思南公馆地区、徐汇区徐家汇源美罗城、徐汇区衡复音乐街区、静安区南京西路商圈、杨浦区五角场地区、豫园片区等12家入选。上海市通过建设国家级夜间文化和旅游消费集聚区，不仅可以打造消费新场景和新业态，还可以通过充分发挥其引领带动作用，繁荣夜间文化和旅游经济，促进地区文化和旅游消费加快发展，更好地满足市民和游客日益增长的美好生活需要，培育夜间经济新增长点，实现夜间经济的高质量发展。

---

① 人民网.首届"全球24小时活力城市论坛"举行 上海夜间经济综合指数排名全国第一[EB/OL].（2022-09-27）[2023-09-25］. http：//ah.people.com.cn/n2/2022/0907/c401574-40114322.html.

（三）特色亮点

1. 借品牌活动之势，发力夜间文旅

目前，上海市已经建立了一批大规模、高质量的文化、旅游、购物、消费的品牌活动，助力夜间文旅发展。发展夜间文旅经济，这既让传统文旅资源焕发新的活力，也创造出新的文旅吸引物、新的文化旅游产品等，为民众提供差异化、多元化的夜生活，从而推动城市文化旅游的发展，更有效地推动上海品牌建设。其中，具有代表性的品牌活动有上海夜生活节、五五购物节、旅游节、国际光影节等。

上海夜生活节，作为一个城市级营销活动IP，其将夜间消费活动集中释放，四年发展至今已有相对稳定的模式。但在沿袭过去特色的基础上，2023年依然有多处升级，并呈现"挖掘新场景、拓展新领域、联动新平台、引领新潮流"的4大特点，具体活动有泼水电音节、海陆机甲巡游、星光焰火秀、夜宿海底世界等，强势拉动消费。美团数据显示，2023上海夜生活节期间，伴随着2023年必吃榜、2023年酒吧指南等上海夜间玩乐指南发布，上海到店堂食夜间消费订单量同比2021年增长75%，酒吧夜间消费订单量同比2021年增长73%，运动健身夜间消费订单同比2021年增长90%；重点监测样本企业数据显示，2023上海夜生活节开幕以来，夜间客流较2022年购物节同期增长23.1%。消费市场大数据实验室（上海）监测显示，截至6月25日，上海6月夜间消费总额为427.46亿元。尤其是6月夜生活节第一周，夜间消费占全天消费比重接近30%，达到近三年最高点，极大地拉动了夜间文旅消费。

除生活节外，很具代表性的还有上海旅游节。历届旅游节的举办都展现上海独特的旅游风格，为上海市旅游带来新方向和新动能。2023年9月16日至10月6日，上海市举办第34届旅游节。本次旅游节通过一系列活动主动拥抱新人群，积极打造更具未来感的数字文旅新内容、新场景、新体验。例如，上海中心、东方明珠、天安千树、兴业太古汇等上海地标建筑推出光影秀、VR艺术快闪店、元宇宙多媒体系列首展沉浸式探索体验展等。上海中心推出的上海之巅《我们的上海》旅游节"元"创光影秀，采用"光影科技+音画艺术+沉浸互动空间+数媒传播"等城市文旅创新营销模式，推介上海、长三角文旅形象和上海之巅地标形象。此外，为积极推动文化娱乐旅游等消费业态融合共生，本届旅游节还推出了兼具"文化味"和"烟火气"的文旅消费体验活动,例如在非遗国潮方面,朱家角古镇旅游节、泗泾千年古镇龙舟赛、中华老字号博览会、南翔国潮大会、苏州河沿岸古歌·汉服秀等活动聚焦传统文化的当代表达等。本次旅游节期间,上海中心预计接待游客逾10万人次。由此可见,上海通过打造品牌节日和活动,助推旅游发展和休闲消费,当然也包括夜间旅游的发展。

2. 潮流夜市繁荣发展,成为夜间文旅新亮点

上海被称为"魅力魔都"和"东方的巴黎",时尚潮流是它的标签之一。近些年,上海市依托其潮流文化和海派文化优势,培养了一大批潮流文化夜市集市,成为夜间文旅发展中的一抹亮色。潮流夜市主要分布在购物中心、步行街、景区等场所,现今也有分布在城郊的,夜市主题各异,但总体上呈现时尚、潮流、现代、年轻、多元的风貌特征。夜市围绕夜购、夜食、夜娱、夜秀、夜动、夜游等领域,开发包含社交、美食、演艺、文创、游戏、酒吧、体育等文旅消费内容,为文旅业态提供了夜间生长的土壤,助阵上海市的精彩夜生活。代表性的潮流夜市有安义夜巷、潮流音乐夜市五番夜市、彭浦新夜市、浦江中欧街夜市、青衫夜市和首尔夜市等。

安义夜巷是具有上海味、时尚潮、国际范儿和烟火气的城市夜生活嘉年华。夜市汇集了花市、美食、生活方式、休憩娱乐区、舞台区等丰富的活动,具体有露营、星空电影院、小黄人见面会、live show等活动,充满惊喜和快乐;五番夜市打造了"潮流+"概念,以音乐为载体,强调"好吃""好玩""好买",汇聚不同业态、各类文化形态,打破不同人群的爱好和沟通壁垒,打造全新城市生活岛集,周末晚间的流行音乐演出活动,用潮流音乐品位和专业舞台效果打造户外live house等。潮流夜市的繁荣发展,为商场、商户、商圈均带来了可观的经济效益和社会效益,促进了夜间经济的繁荣。潮流夜市主题多样化,不仅可以满足多元需求,还成功让逛夜市从一种娱乐休闲行为变成一种真正的夜间生活方式。

3. 深入推进沉浸式体验,引领走向文旅融合的"场景化"时代

沉浸式体验、场景化消费,本质上是一种生活方式,而且呈现的是个性化、差异化、多样化的生活方式,正在成为主客共享的美好生活新载体、新空间。同时,正在形成一种文旅产业新业态,汇聚和集成一种促进和拉动新消费的新动能和新生产力。目前,上海市正在深入推进打造文旅消费新场景、新业态,加深顾

客沉浸式体验，成为上海发展夜间经济的特色亮点，引领走向文旅融合的"场景化"时代。具体体现在：

首先，各类文化展馆加速夜间开放，让顾客体验"展览＋活动＋文创＋社交＋生活"。近几年，博物馆、纪念馆、美术馆加大夜间开放力度，既有特展专场和讲座活动，又有沉浸式体验活动，为夜间经济注入文旅融合下的场景化消费特色。例如：在2020年夜生活节期间，上海博物馆、上海世博会博物馆、上海观复博物馆、上海电影博物馆、上海复星艺术中心、上海艺仓美术馆等45家博物馆、美术馆推出夜展、夜游、公教活动，并提供门票折扣，部分展馆延长开放至22时，带给市民和游客"博物馆奇妙夜""夜游美术馆"的独特体验；在2023年的"夜生活节"里，上海17家博物馆点亮"博物馆奇妙夜"，代表性的有上海历史博物馆的"江海撷珍——长江口二号科学考古进行时"、上海世博博物馆的"梵高再现"沉浸式光影展和观复博物馆的"国潮之夜"等。周末的"博物馆奇妙夜"活动，不仅是延长开放时间，还有举办特展及教育活动、打造跨界融合文旅新样式和消费新场景等，同时推出文创产品等折扣优惠，让观众体验"展览＋活动＋文创＋社交＋生活"的综合性博物馆奇妙夜。

其次，加大对空间的利用，创造夜间文旅消费新场景。上海市推进夜间文旅消费时，加大对空间的利用，并注重创新升级，打造了多类消费新场景，例如国家级夜间文化和旅游消费集聚区、不同主题的集市夜市、滨江旅游消费经济带、多元主题街区、商圈后街等，这些构成了多元业态和沉浸式消费的环境载体，实现文化、体育、旅游、休闲等多产业融合，给顾客带来多元沉浸式体验，助推消费升级。具体的文旅消费新场景有：光影秀、VR艺术快闪店、元宇宙多媒体系列沉浸式探索体验展、"88部落"、月星家居MALL、天安千树、创享塔等。

最后，文旅夜游活动形式多元，深入顾客沉浸式体验。上海市文旅夜游活动，围绕夜购、夜食、夜游、夜娱、夜秀、夜读、夜动等领域，具体开展形式有24小时电影院、酒吧、KTV、潮流夜市、各类主题夜游活动、灯光秀、美食餐饮、文创产品、剧场演艺、VR体验展、音乐节等，丰富顾客夜间体验，激发消费活力，促进沉浸式文旅融合发展。

第八章 元宇宙旅游典型案例分析

一、江南"技"忆——杭州

(一)案例背景

杭州市,简称"杭",古称临安、钱塘,浙江省辖地级市、省会、副省级市、特大城市,杭州都市圈核心城市,国务院批复确定的浙江省经济、文化、科教中心,长江三角洲中心城市之一。杭州市是首批国家历史文化名城,中国著名的七大古都之一,以"东南名郡"著称于世,跨湖桥遗址的发掘显示8000多年前就有人类在此繁衍生息。距今5000多年前的良渚文化被称为"中华文明的曙光"。杭州自秦朝设县治以来,已有2200多年历史,五代吴越国和南宋王朝两代建都杭州。杭州人文古迹众多,西湖及其周边有大量的自然及人文景观遗迹,具代表性的有西湖文化、良渚文化、丝绸文化、茶文化,因风景秀丽,素有"人间天堂"的美誉。2016年二十国集团领导人第十一次峰会、2018年世界短池游泳锦标赛、杭州第19届亚运会在杭州市举办。

在科技方面,杭州是国家信息化试点城市、电子商务试点城市、电子政务试点城市、数字电视试点城市和国家软件产业化基地、集成电路设计产业化基地。杭州致力于打造"滨江天堂硅谷",以信息和新型医药、环保、新材料为主导的高新技术产业发展势头良好,已成为杭州的一大特色和优势。通信、软件、集成电路、数字电视、动漫、网络游戏六条"产业链"正在做大做强。2022年,杭州市研究与试验发展(R&D)经费支出与生产总值之比为3.75%,比2021年提高0.09个百分点。年末全市累计拥有国家级企业技术中心43家,国家技术创新示范企业14家,省级技术创新示范企业11家。科技企业孵化器306家,其中省级127家。众创空间207家,其中国家级85家,省级156家。全年技术交易总额1061亿元，比2021年增长37.6%。

在《2023年杭州市政府工作报告》中，杭州提出，要前瞻布局元宇宙等新兴数字产业群，争创国家视觉智能制造创新中心[1]，体现出杭州在元宇宙领域的积淀与野心。从政策鼓励、产业集聚、场景落地，到AR、VR、数字人、虚拟空间乃至工业元宇宙企业的涌现，杭州的元宇宙、布局之先、图景之广、耕耘之深，想必会超出你的设想。超前布局持续耕耘的杭州，已经越来越接近国内元宇宙"第一城"。

（二）建设方案

1. 构建完善的政策体系

对于元宇宙这一命题，杭州一直在积极探索属于自己的答案，其背后的政策高地浙江省，则是其构建政策体系不可或缺的支撑。2023年2月13日，浙江省印发《浙江省元宇宙产业发展行动计划（2023—2025年）》，提出到2025年，通过实施元宇宙5大重点任务和5大重点工程，技术创新、标准研制、应用培育、产业发展和生态构建取得显著成效，实现3个"1050"：引育10个行业头部企业，打造50家"专精特新"企业；推广10个行业标杆产品，打造50个创新示范应用场景；建设10个产业平台，打造50个赋能创新中心，不断提升产业发展能级和竞争力[2]。2月20日，浙江省发布《关于培育发展未来产业的指导意见》，提出优先发展元宇宙等9个产业，加强高性能计算芯片研发，突破人机交互、数字孪生技术，推进区块链、交互终端、系统软件、原创内容集成应用；到2025年，未来产业竞争力持续提升，未来产业发展体系基本形成，未来网络、元宇宙、空天信息、细胞与基因、前沿新材料等产业加速成长，打造100个重大应用场景和100个标志性产品[3]。浙江省仅仅今年出台的两项政策，就已经给杭州以坚实支撑。同时，杭州的元宇宙政策也已经逐步形成包含产业布局、场景落地、人才优惠的完整体系。2021年底，杭州市人民政府向社会公开征求《关于建设国

---

[1] 杭州市人民政府.2023年杭州市政府工作报告［R/OL］.（2023-03-01）［2023-10-03］. https://www.hangzhou.gov.cn/art/2023/3/1/art_1229063401_4144223.html.

[2] 浙江省发展和改革委员会.浙江省元宇宙产业发展行动计划（2023—2025年）［R/OL］.（2022-12-15）［2023-10-03］. https://fzggw.zj.gov.cn/art/2022/12/15/art_1229123366_2451471.html.

[3] 浙江人民政府.浙江省人民政府办公厅关于培育发展未来产业的指导意见［R/OL］.（2023-02-20）［2023-10-03］. https://www.zj.gov.cn/art/2023/2/20/art_1229019365_2458667.html?app=mb&eqid=f23846ed0000610400000002646f147e.

际新型消费中心暨打造"不夜天堂、璀璨杭州"的若干政策意见》。其中，第三章《支持新消费场景打造》部分可谓条条围绕元宇宙展开，细致勾勒元宇宙在新消费场景领域的潜在框架，不仅为杭州，甚至为全国其他地区的元宇宙新消费场景都提供了重要思路。

首先是鼓励技术创新。鼓励元宇宙产业相关企业围绕"三圈三街三站"（三圈是指吴山商圈、湖滨商圈、武林商圈；三街是指延安路、南山路、东坡路—武林路；三站是指火车站、地铁站、机场站），利用数字孪生、人工智能、增强现实/虚拟现实/混合现实（AR/VR/MR）、区块链等核心底层技术，加强"元宇宙"消费场景研发，打造消费"元宇宙"研发高地。经认定，给予场景研发项目技术研发费最高30%、单个项目最高200万元的一次性补贴。其次是支持场景应用。鼓励立足市级以上智慧商圈、特色街、夜间经济集聚示范区等载体，围绕文旅、会展、商业等领域，积极应用"元宇宙"等消费新场景。每年评定一批新技术、新产品、新模式、新应用、新业态消费应用场景。对评定项目给予每个100万元的一次性奖励。

此外还涉及数字藏品领域，提出创造数字产品供给。支持相关企业在美食文化、西湖风景、杭州制造等领域，打造出体现杭州元素、宋韵文化、西湖特色的数字藏品，并赋予"杭州消费"统一标识。每年评定一批品牌数字藏品，对评定藏品的研发企业给予50万元一次性奖励。最后还提到打造消费"元杭州"平台。将线下产品、商圈、消费场景等复刻到线上，实现线下消费与线上全年无间断"元宇宙"体验相结合，积极探索消费抽大奖、各类消费积分转换数字消费券等模式，促进消费潜力释放，刺激消费恢复增长。采用揭榜挂帅机制确定开发企业，分三年补助，每年按不超过项目审定总投入费用15%的标准，给予平台建设方最高3000万元补助。

而当我们再将目光落到杭州各下辖区后，会更加具体而真实地感受到杭州在元宇宙领域的细致布局：钱塘区是杭州最早明确提出布局元宇宙领域的城区之一，2022年5月21日，钱塘区发布《杭州钱塘区元宇宙产业政策》，高层次人才来钱塘区创办元宇宙产业项目，可给予最高1000万元启动资金和研发费用补助、最高1000平方米3年租金补贴。产业发展紧缺、水平特别突出的创业项目，最高给予1亿元资助。

余杭区的未来科技城更是早在2021年3月就发布了"XR产业计划",明确布局元宇宙产业,力争五年内培育XR上市企业5家,引培XR相关企业300家,扶持技术攻关和场景应用项目100项。在具体的资助上,未来科技城也堪称大手笔:汇聚规模10亿元的XR产业基金;优质项目最高可享受500万元创业风险池等支持;实施"顶尖人才项目"政策,最高给予1亿元支持;形成一套XR专项人才培育机制,给予"一人一策"最高1300万元奖励,分层次给予梯队人才奖励。随后在2022年12月5日,西湖区出台《西湖区关于打造元宇宙产业高地的扶持意见》,为推动该区以元宇宙产业为代表的未来产业发展,提供"真金白银"的支撑动力。其中一项扶持政策是,给予海内外元宇宙产业领域高层人才最高500万~1000万元的创业启动资金支持。除此以外,滨江区也快速切入元宇宙产业新赛道,VR数字产业园、元宇宙会场、虚拟现实/增强现实研究中心陆续出现;拱墅区已将元宇宙的具体场景落地武林路,打造"元宇宙一条街"①。

进入2022年以来,杭州的元宇宙政策布局依然保持着自己的节奏,并没有因这一概念热度的下降而放缓脚步:1月,拱墅区宣布,在区域内建设标杆性元宇宙新场景的,经认定,给予最高不超过2000万元的扶持;2月底,杭州钱塘区提出要建设长三角"制造业'元宇宙'中心";3月底,西湖区元宇宙融合创新园在文三数字生活街区正式揭牌。政策举措层出不穷,不断展示着杭州发展元宇宙产业的决心和想象力,也在为杭州数字经济的发展不断开辟空间。同时如此密集地出台政策,除了前瞻性以外,还与杭州本已拥有元宇宙产业核心技术、产业储备,并落地了丰富的应用场景不无联系。

2. 扎实产业基础,丰富人才储备

3月21日至22日,首届中国虚拟现实与元宇宙产业峰会在杭州举办,全国200余家虚拟现实与元宇宙头部企业齐聚杭州,集中展示了各自在元宇宙领域的最新成果和前沿技术。同样,发展元宇宙产业也需要融合诸多产业形成合力,因此基础设施、科技创新、产业集聚能力成为城市间元宇宙实力比拼的重要支撑——而这正是杭州此前就具备的优势。杭州在元宇宙相关技术方面多年的积累和布局为元宇宙产业提供了良好的发展生态,简单来说,元宇宙沉浸式体验背

---

① 杭州市人民政府.杭州多个城区布局"元宇宙"产业[R/OL].(2022-06-07)[2023-10-03].https://www.hangzhou.gov.cn/art/2022/6/7/art_812266_59058786.html.

后，就需要海量数据处理能力的支撑，因此算力被视为发展元宇宙最重要的基础设施，而杭州则在该领域保持领先：截至2021年，杭州云计算大数据产业市场份额居全国第一，云计算基础设施即服务（Iaas）市场份额亚太第一。在算力基础之上，当下火热的人工智能也是发展元宇宙产业的关键技术，而这同样是杭州的优势。

根据IDC与浪潮信息联合发布的《2022—2023中国人工智能计算力发展评估报告》，杭州的人工智能发展综合评估位居全国第二，仅次于北京[1]。同时，根据脉脉发布的《2022人工智能顶尖人才数据图鉴》，杭州在人工智能人才储备上同样位居全国第二，拥有16.53%的人工智能人才，超过上海和深圳的总和[2]。另一方面，完善的城市数字基建，也为杭州元宇宙发展提供了强有力的支撑，而杭州是全国首批"双千兆"宽带的城市，在信息化基础设施建设方面长期处于国内的领先地位，早在2020年，杭州就获评了"5G网络覆盖最佳城市"，在网络覆盖率上成为"5G第一城"。完备的数字基础设施、丰富的人才储备，最终让杭州的元宇宙产业发展充满动力。

在2022年发布的《2022胡润中国元宇宙潜力企业榜》中，杭州以15家上榜企业的成绩位列第4名，仅次于北京、上海与深圳。其中，底层技术类企业有4家，分别为海康威视、大华股份、虹软科技、士兰微；平台技术类企业有5家，分别为阿里巴巴、网易、恒生电子、蚂蚁集团、同花顺；生态应用类企业有5家，分别为华策影视、顺网科技、宋城演艺、浙文互娱、微医；网络技术类企业有1家，为数源科技[3]。上榜企业涉及零售、传媒和娱乐、消费电子、金融服务、软件与数据服务等多个行业领域，它们正结合各自优势领域展开对元宇宙的探索布局，包括VR/AR产品研发、虚拟IP的创造、元宇宙开发平台的搭建等。

而当我们将目光再次回落到杭州市钱塘区，会发现元宇宙产业落地更具体的成果：截至2021年底，钱塘区就已有64家元宇宙概念关联企业，元宇宙相关企

---

[1] 浪潮信息.2022—2023中国人工智能计算力发展评估报告［R/OL］.（2022-12-29）［2023-10-03］. https://www.inspur.com/lcjtww/resource/cms/article/2448319/2734787/2022122601.pdf.

[2] 脉脉.2022人工智能顶尖人才数据图鉴［R/OL］.（2022-08-17）［2023-10-03］. https://www.douban.com/note/843448611/?_i=5692144cMF-DtJ.

[3] 王华.胡润研究院发布"中国元宇宙潜力企业榜"［EB/OL］.（2022-06-15）［2023-10-03］. https://baijiahao.baidu.com/s?id=1735684733897222093&wfr=spider&for=pc.

业营收达525.8亿元。钱塘区大创小镇人才创新部相关负责人表示，政策出台以来，已进行四批高层次人才创新创业项目征集，共计80余家企业参加了项目征集，并有40余家企业通过评估后落地。当然，要成功推动元宇宙发展，除了政策与产业外，内生性场景需求的开发同样重要，没有场景落地，便很难维持元宇宙产业的持续发展——而杭州同样在场景落地上进行着积极探索。

3. 虚拟现实与文旅场景深度融合

在消费元宇宙领域，杭州的文三数字生活街区，通过构建互动式的新型消费场景，开启了国内"AR+场景"消费新业态，目前该街区集聚了气味王国数字气味展厅、网易MR数娱馆、"Rokid"智能AR眼镜、时客购24h智慧超市等各类数智产业龙头企业的首店、旗舰店和概念店等，为消费者搭建接触元宇宙的现实空间。

同时，早在2021年杭州就推出过国内首个实景AR户外解谜体验——"戏游·南宋记忆"。整个体验以杭州鼓楼为起点，千年吴山为舞台，玩家在长达一个半小时的实景剧本游戏中，以第一人称扮演主人公胡松，通过手机的语音和地图引导，根据精心设计的游览路线，一路解锁沿途奇幻AR互动体验，同时完成精美的宋韵图鉴收藏。"戏游·南宋记忆"受到了年轻用户的好评，除了分享各类"玩法攻略"，还在线上传播具有特色的AR合影，吸引了汉服爱好协会、年轻周末社交小组等团体，将其作为团建地点，远道而来打卡体验。

当然这些都只是杭州文旅元宇宙场景落地的初步尝试，在南宋御街，杭州正计划推出更加丰富的元宇宙体验场景。南宋御街是南宋都城铺设的一条主要街道，延续了800多年的南宋文明，如今既是杭州老字号的聚集地、文化创意特色街，也是每个游客到杭州的打卡之地。当游客在鼓楼门前戴上AR眼镜后，一个身着湖绿色旗袍的小姑娘"杭小忆"便来到身旁，她撑着油纸伞，走在铺满青石板的南宋御街上。跟随她的脚步，便能开启一场新奇的以"梦回南宋、繁华再现"为主题的御街元宇宙之旅。

AR打卡的第一站当属鼓楼旁的南宋书房。在这栋地标性的建筑里，游客可以看到满池的荷花；再往前走的一处空地上杭小忆介绍着南宋的活字印刷术，眼前还出现了印刷场景及介绍文字。除了活字印刷术，还有南宋官窑、丝绸制作等各种传统手工艺技术，以及《千里江山图》——只要游客走进南宋御街元宇宙，都能近距离感受。此外，杭小忆也具备图文音的AI能力，其强大的AI能力同样基于多模态千亿级参数大模型能力。

除上述落地场景外，大型赛事聚拢的人气同样是杭州元宇宙场景探索的重要契机，而杭州亚运会的到来无疑成为展示杭州元宇宙技术实力的一次机会。在2021年11月27日杭州亚运会倒计时300天之际，杭州亚组委向全球推出"亚运数字火炬手"。亚运数字火炬手是真实用户在数字亚运世界的数字身份，具有唯一性。亚运数字火炬手将现实世界的"亚运火炬手"拓展至数字世界，让更多的人能够突破时间、空间限制直接参与亚运会这一盛大的体育文化活动。全球网民通过"智能亚运一站通"参加"爱运动、爱公益、爱绿色"等活动，就可以成为亚运数字火炬手。成为亚运数字火炬手后，可拥有代表亚运数字火炬手独特身份的数字权益，包括个性化的数字形象、杭州亚运会火炬手同款服装和"薪火"同款火炬的数字装扮等。

杭州亚运会开幕式当晚，超1亿名数字火炬手跑出支付宝APP汇聚大莲花点燃主火炬，实现全球首个数字点火仪式。点火仪式后，数字火炬手都可以收到一张数字点火的证书，镌刻着每位数字火炬手独一无二的形象。这张证书通过分布式技术存储在区块链上，可以永远铭记点燃圣火的荣耀一刻。与此同时，杭州亚运会也通过支付宝APP同步发布史上首个"数字主火炬塔"，依托于实体还原设计及三维渲染技术，它是首个可升级变形的亚运数字特许商品。除此之外，开幕式AR互动也令现场观众印象深刻，打开支付宝扫描主舞台，即可在现场召唤吉祥物"三小只"、放飞许愿灯、寄送明信片……AR（增强现实）与AI（人工智能）的技术融合让人耳目一新。总导演沙晓岚表示，"我们希望让几万名观众，能参与到开幕式中，成为现场演出的一部分。这也是智能亚运的一个体现，以科技创新之力，打造亚运经典记忆"。

（三）特色亮点

1. 紧随前沿，提早部署

浙江数字化改革走在全国前列。早在2003年，"数字浙江"建设已上升为"八八战略"的重要内容。2017年浙江省委部署实施了数字经济"一号工程"，2022年继而提出打造数字经济"一号工程"升级版。2023年，浙江省委全面深化改革委员会第六次会议强调，要完善科创企业培育机制，优化科创金融产业生态。经过20年的发展沉淀，数字经济已成为浙江经济高质量发展的重要引擎。2022年浙江数字经济规模约4万亿元，增长12%，其中杭州数字经济增加值规模达5076亿元，与北上广深同属全国数字经济第一方阵，仅西湖区就实现数字经济核心产业增加值664亿元。

2. 多点开花，齐头并进

钱塘区是杭州最早明确提出布局元宇宙领域的城区之一。2023年5月，钱塘元宇宙新天地产业园正式开园。在这里，与数字虚拟人"西小施"热情互动，戴上AR眼镜体验良渚博物馆"会说话的文物"，来一场太湖鼋头渚VR虚拟之旅。围绕数字孪生、人工智能等元宇宙核心底层技术，以及游戏、社交、教育等元宇宙新型应用场景，元宇宙的可视化和趣味性真实地呈现在我们眼前。

开园当天，钱塘区发布了《杭州钱塘区元宇宙产业政策》。政策显示，高层次人才来钱塘区创办元宇宙产业项目，可给予最高1000万元启动资金和研发费用补助、最高1000平方米3年租金补贴。产业发展紧缺、水平特别突出的创业项目，最高给予1亿元资助。资本是逐利的，数据显示，截至2021年底，钱塘区已有64家元宇宙概念关联企业，元宇宙相关企业营收已经达到525.8亿元。钱塘区大创小镇人才创新部相关负责人表示，政策出台以来，已进行四批高层次人才创新创业项目征集，共计80余家企业参加了项目征集，并有40余家企业通过评估后落地。"目前，一家科创型元宇宙概念相关企业若落地钱塘区大创小镇，可享受到项目启动资金、房租补贴、贷款贴息等补助最高2200余万元。其中，钱塘区高等信息研究院作为6G网络信息超材料领域国家级科研平台，落地钱塘区大创小镇，政策补贴已超过1亿元。"

此外，余杭区的未来科技城也不甘其后。2023年3月，杭州未来科技城发布了"XR产业计划"（Extended Reality，即扩展现实，通过计算机将真实与虚拟相结合，打造一个可人机交互的虚拟环境），明确布局元宇宙产业，力争五年内培育XR上市企业5家，引培XR相关企业300家，扶持技术攻关和场景应用项目100项。在具体的资助上，未来科技城也开出了"大手笔"：汇聚规模10亿元的XR产业基金；优质项目最高可享受500万元创业风险池等支持；实施"顶尖人才项目"政策，最高给予1亿元支持；形成一套XR专项人才培育机制，给予"一人一策"最高1300万元奖励，分层次给予梯队人才奖励等。

除此以外，滨江区也正快速切入元宇宙产业新赛道，VR 数字产业园、元宇宙会场、虚拟现实/增强现实研究中心陆续出现；拱墅区已将元宇宙的具体场景落地武林路，打造"元宇宙一条街"；西湖区给予认定研发项目技术研发费最高30%、单个项目最高 200 万元补贴……

二、梦隐姑苏——苏州

（一）案例背景

苏州市，简称"苏"，古称姑苏、平江，江苏省辖地级市，特大城市，是上海大都市圈和苏锡常都市圈重要城市，国务院批复确定的长江三角洲重要的中心城市之一、国家高新技术产业基地和风景旅游城市。苏州是中国经济最活跃的城市之一。1994 年由国务院批准设立的苏州工业园区被誉为"中国改革开放的重要窗口"。2023 年，苏州 4 县市全部进入全国百强县前十，其中昆山连续 18 年居全国首位。

苏州是首批 24 座国家历史文化名城之一，著名的江南水乡，有"人间天堂"的美誉。有中国首个国家历史文化名城保护区（姑苏区）；苏州城始建于公元前 514 年，距今已有 2500 多年历史。公元 589 年，隋文帝取姑苏山之名将"吴郡"改为"苏州"。从春秋伍子胥建阖闾大城至今，苏州古城基本保持着"水陆并行、河街相邻"的双棋盘格局，以"小桥流水、粉墙黛瓦、史迹名园"为独特风貌。以拙政园为代表的苏州古典园林和中国大运河苏州段被列为世界文化遗产，以周庄古镇为代表的江南水乡古镇被列入中国世界文化遗产预备名单，太湖绝大部分景点分布在苏州境内。作为"江南文化"的核心载体，拥有 2500 年历史的昆曲、评弹和园林、苏绣，已成为世界辨识中国的鲜明符号[①]。

作为长三角地区的重要城市，苏州凭借其先进的城市治理理念与扎实的工业、科技基础，一直敏锐地捕捉着各项前沿科技的发展机遇——元宇宙也不例外。从政策到产业，再到落地应用，苏州正在打造一套完整的元宇宙发展体系，元宇宙正在渗透到城市管理、古城保护、文旅发展、产业升级的方方面面。

---

① 苏州市人民政府.苏州概况［R/OL］.（2023-05-31）［2023-10-03］.https://www.suzhou.gov.cn/szsrmzf/szgl/szgl.shtml.

（二）建设方案

1. 政策先行，牵动产业发展

有着"地表最强地级市"之称的苏州，在元宇宙相关政策密度与频次上亦位居同类城市前列：从元宇宙产业培养、重大场景需求再到数字经济的布局，苏州已经形成一套较为完善的政策体系。4月伊始，苏州市工信部门发布2023年度苏州市元宇宙重大应用场景需求，涉及工业元宇宙、文旅元宇宙、教育元宇宙、医疗元宇宙、政务元宇宙、智慧城市、数字人7大领域30项需求[1]，面向各地科研院所、高等院校、重点企业等单位征集解决方案，促进应用场景供需对接，加快构建苏州元宇宙产业发展体系。

这些需求细致、准确，反映出苏州市对元宇宙的清晰认知与对元宇宙落地场景的明确展望：如相城区北河泾街道办事处发布的文旅元宇宙需求为苏州高铁新城元宇宙生态街区，总体目标是推动"有光街区"元宇宙生态街区的场景建设，将印象水街、高铁之心、苏州阳澄国际电竞馆等地标性建筑物进行数据精细化备份和虚拟场景开发，构建数字孪生基础；以南天成路为基础线并向两侧进行稳扎稳打的延伸，从而形成物理空间上的元宇宙世界。

如果说场景征集是苏州构建元宇宙的积木，那苏州元宇宙建设的整体蓝图其实也已绘就——2月中旬苏州就出台了《苏州市培育元宇宙产业创新发展指导意见》，明确了发展目标：到2025年培育集聚元宇宙核心企业超200家，元宇宙相关产业规模达2000亿元，率先在工业、医疗、文旅、教育等契合度较高的领域打造30个应用场景示范项目，加快元宇宙与数字经济、数字生活、数字治理等实体要素融合发展，赋能智慧城市建设和产业数字化转型。同时，《苏州市培育元宇宙产业创新发展指导意见》还提出加强对元宇宙相关金融活动的监管，防止资本过度炒作，避免金融投机活动扰乱产业正常发展[2]。此外，自"十四五"以来，苏州陆续编制了《全面提升苏州市数字经济和数字化发展水平的实施意见》和《全面推进数字苏州建设的意见》，不断夯实数字经济发展基础。

---

[1] 苏州市人民政府.苏州发布2023年度元宇宙重大应用场景需求 为7大领域30项需求征集解决方案［R/OL］.（2023-04-04）［2023-10-03］. https://www.suzhou.gov.cn/szsrmzf/szyw/202304/0ee7ebd3e3b746d68442ef99ff9e1a19.shtml.

[2] 苏州市人民政府.苏州市出台相关指导意见推进数字经济发展［R/OL］.（2023-02-02）［2023-10-03］. https://www.suzhou.gov.cn/szsrmzf/szyw/202302/7eb8cf3512094eb58d3e397ad3379324.shtml.

2. 城市管理，打造苏州样板

2023 年 1 月 16 日，数字苏州驾驶舱正式投运——这不是传统意义上的驾驶舱，而是通过数字手段来管理城市、驾驭城市的一座由大数据构成的"元宇宙"。数字苏州驾驶舱一共汇集了 1.4 亿条互联网的实时数据，可以看到苏州的实时人口、实时车流，甚至还有当月的物流单量指数等，可谓在数字空间重建了一个苏州。投运两个多月后，数字苏州驾驶舱就迎来了首次"大考"：

3 月 26 日，苏州首届城市马拉松鸣枪起跑，"数字苏州驾驶舱"成为城市指挥中心，联动各部门和板块力量，开展赛事保障指挥调度。当马拉松选手奔跑在赛道上，"数字苏州驾驶舱"也开始了高速运转，为赛事保驾护航——"驾驶舱"集成了赛事相关的天气情况、现场直播、热力分析、热点舆情、应急力量等各类信息，在元宇宙数字空间即可全方位、多角度掌控赛事全貌。

根据苏州市委市政府《关于全面推进"数字苏州驾驶舱"建设的实施意见》，未来还将继续拓展驾驶舱的应用场景，在政务服务、社会救助、食品安全、养老服务等领域，推进大数据赋能民生保障和公共安全。可以说，数字苏州驾驶舱已经成为整个苏州提升城市管理水平的重要平台，元宇宙也真正成为助力苏州城市治理的关键所在。

3. 产业体系，铸就场景基础

关于苏州元宇宙相关产业落地最大的新闻，无疑是一个月前昆山市政府与微软（中国）有限公司签署战略合作备忘录，将微软中国首个工业元宇宙应用中心项目落户昆山。这并不是微软与苏州在元宇宙上的第一次合作，此前，微软赋能的苏州人工智能产业创新中心已经孵化出一批"元宇宙概念"项目，这些项目包括通用型的增强现实、虚拟现实和混合现实技术应用产品，例如为消费级 AR 提供核心显示技术的"灵犀微光"、AI 三维虚拟数字人技术与智能化虚拟内容制作平台"魔珐师科技"等。

此外，该中心还孵化出诸多元宇宙企业级应用，诞生了许多针对垂直细分领域的虚拟互动产品，例如基于 AR 的智能制造数字化平台开发者"超凡视界"，提供 AR 软硬件解决方案的"EINTOO"，以及基于 AI 的一站式虚拟内容生成平台、致力于帮助企业进入虚拟化时代的"黑镜"（MetaWorks）等。同样诞生于微软苏州人工智能产业创新中心校友加速项目的初创企业"萤火空间"，从事企业级大视角增强现实头戴显示一体机及相关软件解决方案开发；苏大维格与高伟光学合作设立合资公司，共同合作进行 Tofdiffuser、DOE 光学器件、VR 光学器件、AR 光波导镜片、AR-HUD 光学材料、多层衍射光学镜片以及 Metalens 等光学材料及器件的研究开发、产业化应用、规模化生产。从事动态数字仿真和数字孪生研发的高科技企业——云庐科技的数字仿真云平台"云胎"，在大规模和超大规模仿真分析方面则具有领先优势。其产品应用于城市地下管网、交通、水利、新能源、大型建筑、城市生命线等基础设施的全生命周期的管理和维护，以更细的颗粒度、更短的时间构建了一个更加精确的、动态的数字世界模型，被认为是"元宇宙"未来的中坚力量。

不难发现，尽管完整的元宇宙产品形态尚未出现，但元宇宙的诸多产业体系已经在苏州有连点成线的趋势，这源于苏州十几年的耕耘与布局，甚至其下辖的昆山市在元宇宙布局上同样超前。2021年11月8日，《昆山市元宇宙产业创新发展行动计划（2022—2025年）》发布，与之对应，昆山提出力争到2025年，元宇宙相关产业规模达到1000亿元，建成15项以上典型应用场景项目，培育5家以上具有国际竞争力的领军企业、100家以上元宇宙"专精特新"中小企业，加速打造元宇宙产业集聚高地、技术创新高地、行业应用示范高地和政策先行先试高地①。同月底，昆山举行元宇宙产业发展战略咨询会，这是昆山首次全过程采用 VR 虚拟现实技术、在元宇宙空间举办开幕式活动，昆山市委书记周伟以数字人的形式在元宇宙空间致辞，再次展示了昆山对于元宇宙产业的重视。

（三）特色亮点

1. 虚拟数字人，赋能文旅发展

枫灵 Lynn 是一位20岁的超写实数字人，诞生于苏州科技城，其"枫"字取自高新区下辖枫桥街道，枫桥以唐代诗人张继的《枫桥夜泊》而闻名天下；"灵"则是从钱学森将"Virtual Reality"称为"灵境"而来，同时"灵"在吴语中意为聪明、漂亮，一语双关。

许多数字人从诞生后就面临着活动频率低、刷脸场景少的困境，但枫灵 Lynn 却在苏州刷足了存在感：2021年4月，随着苏州树山梨花文化旅游节的举

---

① 昆山市人民政府.昆山市元宇宙产业创新发展行动计划（2022—2025年）[R/OL].(2022-12-09)[2023-10-03].http://www.ks.gov.cn/kss/zcwj/202212/98a62dea406a421ab2edbfa78cd11a6b.shtml.

办,枫灵Lynn正式亮相,在线带领大家云游树山感受苏式田园生活,漫步竹林栈道,赏千亩梨园。随后在2022苏州高新区全民阅读节,枫灵Lynn又摇身一变成为文体旅阅读推荐官,以高新区阅读代言人的身份,带大家共赴一场春天的"阅"会;枫灵Lynn还作为导游出现在"非一般的市集",主持中国苏州文化创意设计产业交易博览会。可以说,在苏州高新区只要有文旅活动就有枫灵Lynn的身影,她已经成为苏州高新区大大小小活动中不可或缺的"数字代言人"。

而在几十千米之外的昆山,枫灵Lynn还有一位数字人伙伴昆小融——2022年2月5日,全国县级融媒体中心首个3D超写实AI数字人主播昆小融正式入职昆山市融媒体中心。昆小融外形既具有江南女子样貌特征,又符合媒体主持人和记者的形象,性格活泼开朗、阳光自信、亲和力强,同时其口型合成准确率达98.5%,与真人无限趋近。入职后,昆小融将担任昆山首档全媒体"元宇宙"栏目主播,为观众介绍数字经济及元宇宙知识、发布元宇宙产业大会等信息。在规划中,昆小融还计划打破虚拟与现实的边界,参与活动主持、公益活动、元宇宙综艺等。

2. 数字孪生,深挖古城文化

作为一座拥有千年历史的古城,苏州"小桥流水人家"的场景一直是众多游客的初印象,而为了更好地延续这份记忆,从2014年开始,苏州就已经在逐步构建"古城数字孪生+元宇宙建设"的数字化保护体系。通过历年累积,苏州已经建设完成中环范围约420平方千米实景三维模型,将建筑、道路、水系、地下空间等不同类型的要素进行数字化建模,构建出一座可看、可感、可知的元宇宙古城。作为苏州古城的灵魂所在,诸多园林更是重中之重:苏州市对古典园林景区实施高精度测绘与三维建模,记录建筑、假山、植物等要素详情,还原园林整体颜色尺寸、空间方位、材质纹理,展示苏州古典园林的精巧布局、精湛技艺、精美艺术。

姑苏区是苏州数字孪生古城工作的优秀典范,其在CIM平台的基础上,汇聚古城保护更新、产业发展、文旅融合、民生服务等16个领域古城要素资源,结合古城现状和需求,逐步实现古城实体空间向数字空间的仿生。作为古城"数据资产集装箱",平台全面汇聚了时空基础、资源调查、规划管控、工程建设项目、公共专题、物联感知共计6大类260余子类的数据资源。特别是在古城保护更新领域，完成古城历史影像、438 处文控保单位信息、细胞解剖工程、14 处古建筑三维模型、276 处文保消防监测、77 个非物质文化遗产影音等多类型、多尺度数据的汇聚，有效支撑古城保护数据需求。

可以说，苏州将古城搬入"元宇宙"的实践为全国历史文化名城保护贡献了可复制、可推广的"姑苏模式"，但这还不是全部。自 2014 年中国大运河被列入世界文化遗产名录伊始，苏州就力求要把苏州段建设成为大运河文化带中"最精彩的一段"。为此，苏州市文物局引入了"空天地"一体化的保护措施，从水下、水面、空中三个维度对大运河遗产进行保护性监测，使用 3D 扫描等技术建立了大运河的数字孪生。与苏州古城类似，这些成果同样可以为大众所享，用户可以通过手机进入苏州运河遗产元宇宙，借助 720° 全景漫游、三维模型展示、语音电子导览等形式，实现虎丘云岩寺塔、全晋会馆、盘门等大运河沿线遗产点的深度游览。

3. 需求导向，促进元宇宙与实体经济深度融合

2023 年 4 月伊始，苏州市工业和信息化局发布 2023 年度苏州市元宇宙重大应用场景需求，涉及工业元宇宙、文旅元宇宙、教育元宇宙、医疗元宇宙、政务元宇宙、智慧城市、数字人 7 大领域 30 项需求，面向各地科研院所、高等院校、重点企业等单位征集解决方案，促进应用场景供需对接，加快构建苏州元宇宙产业发展体系。

为贯彻落实《苏州市培育元宇宙产业创新发展指导意见》，通过应用场景需求牵引，促进元宇宙与实体经济深度融合发展。前期，苏州市工信局组织开展了苏州市元宇宙重大应用场景需求征集工作，经公开征集、场景梳理、专家评审等程序，围绕工业、医疗、文旅、教育、城市管理等契合度较高领域，择优遴选形成了 2023 年度苏州市元宇宙重大应用场景需求列表。

需求列表中，工业元宇宙需求占 11 项，比如，苏州明志科技股份有限公司发布的需求为：基于 ChatGPT 和虚拟现实融合的数字化工厂应用—设备及工艺环节，场景描述的总体目标是基于目前人工智能技术的快速发展，通过将虚拟数字人导入 MES 系统，作为在生产制造领域智能化、智慧化管理的突破性落地应用实证，打通虚实融合，让生产制造各个领域的现场人员与虚拟数字员工有效地融合、协作。通过语音、感官等多维度直观交互，为行业产业赋能，从而大幅提高生产效率，减轻现场人员的工作负担，让制造现场变得生动、有情感、有温度。建设内容包括导入虚拟数字人的环节主要集中于大屏可视化虚拟数字人互动讲解和手机端虚拟数字人交互式信息采集工艺指导 APP 等。

此外，文旅元宇宙、教育元宇宙、医疗元宇宙的需求各 4 项，政务元宇宙 2 项，智慧城市 3 项，数字人 2 项。比如，相城区北河泾街道办事处发布的文旅元宇宙需求为苏州高铁新城元宇宙生态街区，总体目标是推动标志性场景建设——"有光街区"元宇宙生态街区的场景建设，以 BIM、"CIM+"技术将印象水街、高铁之心、苏州阳澄国际电竞馆等地标性建筑物进行数据精细化备份和虚拟场景开发，构建数字孪生基础；以南天成路为基础线并向两侧进行稳扎稳打的延伸，从而形成物理空间上的元宇宙世界；推进苏州高铁新城电竞产业园、电竞综合楼、动捕棚、数字影棚数字文创专业载体建设，促进产业链上下游企业集聚发展，进一步推进线上流量转化。

据介绍，苏州全市各县级市（区）工信部门将加强相关元宇宙应用场景需求的宣传对接，并鼓励辖区内相关单位积极参与需求场景建设。后续苏州市工信局将根据场景建设实际情况，择优评选示范项目，发布元宇宙应用场景示范案例，加快推进示范项目的复制推广。按照《苏州市培育元宇宙产业创新发展指导意见》，到 2025 年，苏州市将培育集聚元宇宙核心企业超 200 家，元宇宙相关产业规模达到 2000 亿元，在工业、医疗、文旅、教育、城市管理等契合度较高领域率先探索打造 30 个应用场景示范项目。

三、东方瑞士——青岛

（一）案例背景

青岛市，山东省辖地级市，别称岛城、胶澳，副省级市、计划单列市、特大城市，国务院批复确定的中国沿海重要中心城市和滨海度假旅游城市、国际性港口城市。同时，青岛市是国家历史文化名城、中国道教发祥地。胶州湾自唐宋以来就成为北方重要港口，清光绪十七年（1891 年），驻兵建制胶澳，1897 年，德国租借建设港口和铁路，遂因"一港一路"而兴，民国十九年（1930 年）改称青岛市，因有海中小岛"小青岛"、古渔村"青岛村"而得名。青岛是 2008

年北京奥运会和第 13 届残奥会帆船比赛举办城市，也是中国帆船之都、世界啤酒之城、联合国"电影之都"、首批沿海开放城市、全国文明城市、中国品牌之都①。

在《山东省推动虚拟现实产业高质量发展三年行动计划（2022—2024 年）》中，提出要形成以青岛为中心的"1+4+N"产业布局，旨在打造千亿级虚拟现实产业高地②。根据 2022 年 5 月出台的《青岛市虚拟现实产业发展行动计划（2022—2024 年）》，以位于崂山区的青岛市虚拟现实产业园为支点，撬动全市虚拟现实产业快速发展，着力打造国内一流、具有全球竞争力的虚拟现实产业研发制造基地，力争到 2024 年，虚拟现实终端产品及关键零部件实现量产，产业规模突破 200 亿元，建设 1~3 家国家级创新平台，力争 3~5 项虚拟现实共性关键技术重点突破，培育形成 30 个虚拟现实应用示范项目，到 2030 年，全市虚拟现实产业规模突破 1000 亿元③。关于元宇宙，青岛已经超前谋划、抢滩登陆。

《青岛市加快实体经济振兴发展三年行动方案》中也指出，要将虚拟现实列为要重点发展的十大新兴产业链之一。市南区打造的"青岛上街里·光影中山路"6 大项目亮相，虚实结合的视觉冲击让不少市民游客大饱眼福；崂山区正拟建设以航天博物馆为核心的青岛元宇宙公园，打造国内首家沉浸式、强交互性元宇宙主题游乐场馆，元宇宙越来越融入城市生活。此外，青岛汇集了北航青岛研究院等 10 余家虚拟现实研究机构，占全国虚拟现实科研力量的 70%，并获批全国首个虚拟现实高新技术产业化基地。一系列新奇、别致的元宇宙体验，即将在我们身边发生，青岛，正加速奔赴元宇宙之城。

（二）建设方案

1. 政策扶持，赋予元宇宙产业发展基础动能

全国多地政府已经展开元宇宙产业"争夺战"，从北上广深，到杭州、南京、武汉，相继出台政策支持本地元宇宙产业落地，并给出了众多鼓励措施。2022

---

① 青岛市委党史研究院.青岛概要［R/OL］.（2023-03-31）［2023-10-03］.http://qdsq.qingdao.gov.cn/qdgl_86/qdgk_86/202204/t20220414_5500798.shtml.

② 山东省人民政府.山东省推动虚拟现实产业高质量发展三年行动计划（2022—2024 年）［R/OL］.（2022-03-21）［2023-10-03］.http://www.shandong.gov.cn/art/2022/3/21/art_307622_10330684.html.

③ 青岛市工业和信息化局.青岛市虚拟现实产业发展行动计划（2022—2024）［R/OL］.（2022-05-15）［2023-10-03］.http://gxj.qingdao.gov.cn/dzxxcy/202205/P020220520361405870370.pdf.

年10月伊始，青岛市市南区发布了政策"20条"，为元宇宙发展大开绿灯，从企业到个人，从产业园到资本，全方位创造便利，并且每条政策落实到具体责任单位。政策涵盖培育元宇宙产业集聚发展、推动元宇宙领域人才集聚、以场景应用打造行业示范、推动元宇宙企业创新能力提升、创新元宇宙企业融资服务、支持龙头企业做大做强、完善公共支撑体系建设等[①]。

在推动元宇宙领域人才集聚方面，经青岛市备案认定的顶尖人才最高可获800万元综合补助。在场景应用打造行业示范方面，青岛市南区重点围绕文旅、教育、医疗、商贸、数字治理等领域，支持打造一批旅游、教育、会展、商业、制造、供应链等领域的特色场景示范案例。在推动元宇宙企业创新能力提升方面，对元宇宙企业年度实际研发投入超过1000万元的，将按30%比例累计给予最高1200万元的研发专项补贴。在创新元宇宙企业融资服务方面，市南区计划三年内成立目标规模不低于5亿元的元宇宙产业投资基金，引导和带动社会资本集聚。在支持龙头企业做大做强方面，境内外拟上市的市南区元宇宙企业最高可获1200万元补助。在完善公共支撑体系建设方面，包括强化新型信息通信基础设施建设、鼓励企业建设公共服务平台、支持大型活动落地等内容。

政策将从注册优惠、技术补贴、人才供给、企业融资、公共服务建设等7个方面为青岛元宇宙企业提供完整配套的产业链基础。北京邮电大学科技园元宇宙产业协同创新中心执行主任陈晓华向元宇宙NEWS记者表示，长期来看，该政策会对青岛乃至山东省元宇宙科创企业产生强聚集效应，成为周边城市元宇宙科创与产业落地的重要载体。

2. 全面打造5A级景区标准的历史街区

文旅行业发展的核心是体验和优质IP，而未来的IP运营将横跨现实和虚拟两大世界。现实世界中具有高IP价值的资产，在虚拟世界中会衍生出相应的映射，并体现对应的价值。在数字孪生技术的加持之下，文旅行业对潜在客户的触达和服务将不仅存在于现实世界，还会打破时间和空间的限制，延展到虚拟游览、虚拟文创等更多维度。传承文脉，讲好故事，打造更具文化底蕴的人文之

---

① 青岛市市南区人民政府. 青岛市市南区促进"双招双引"和经济高质量发展政策20条（修订版）[R/OL]. (2022-05-20)[2023-10-03]. http://www.qdsn.gov.cn/zwgk_8/zdlyzt_8/shjdzdly_8/kdyxtz_8/zcgh_8/202302/t20230224_7021311.shtml.

城。构建上街里全要素历史文化研究体系，开展历史城区名街志征编和城市更新一里一册、一楼一册编纂工作。以上街里城市文化IP为依托，建设共智共策共享的"城市记忆艺术会客厅"，打造10个"历史可阅读"示范样板项目，创办《上街里文史专刊》。以"上街里TV"直播平台为主阵地，多维度宣传推介"上街里"城市IP形象，持续形成舆论热度，唤醒老城记忆，展示老城新生。

科技赋能，暖心服务，打造更具温馨情怀的精致之城。突出智慧管理，通过大数据、AI等技术，解决城市治理问题，以智慧化技术助力历史街区运营。完善基础设施，按照一类旅游公厕标准对历史街区公共卫生间进行整体提升改造，突出人性化、智能化、艺术化。精细物业服务，综合应用无线网络、GPS等技术，建立智慧环卫管理信息系统。建设一体化滨海旅游服务平台，率先实现"一部手机游市南"。

3. 强化元宇宙领域人才引进和培育

功以才成，业由才广。党的二十大报告中再次明确指出："人才是第一资源。"而高校毕业生，更是城市增量人力和人才资源的"蓄水池"。4月21日，由青岛市委网信办主办，青岛科技大学、凤凰网青岛承办的"链青岛·才精彩"青岛新媒体企业校园招聘活动在青岛科技大学正式启幕。活动当天，凤凰网直播平台"风直播"等主流直播平台在线观看人次近300万。

此次招聘活动还重点结合时下颇受青年人群青睐的"元宇宙"形式。现场，山东省首个以"元宇宙"方式链接人才的高端平台"链青岛·才精彩"——互联网人才青岛"元"梦平台正式启动。

当迈向现代化国际大都市的青岛搭上元宇宙的快车，其正以自身的先行先试，在创新人才招引模式，不断丰富城市、企业与人才三方沟通交流渠道的同时，进一步向外界展现城市的活力、魅力与潜力。支持高等院校加强元宇宙相关学科专业人才培养，深入推进产学研合作，鼓励企业与高校、科研机构联合培养人才，支持建设元宇宙技术技能人才实训基地，增强高水平人才供给。加强人工智能、区块链、虚拟现实等新一代信息技术融合创新海外高层次人才引进力度。选拔和支持一批元宇宙相关领域高水平管理、技术、技能人才，提高企业人才集聚能力。

用足用好国家和省级人才引育政策，积极引进海内外元宇宙高层次人才，支持元宇宙技术中心、孵化器等建设。结合国家学位点增设和本专科专业调整工作，支持有条件的高校增设元宇宙相关学科专业，培育一批基础创新人才。搭建人才培训基地，完善人才培养体系，培养一批元宇宙高水平技能人才。

（三）特色亮点

"青岛拥有丰富多元的制造业应用场景，在文旅等方面也具有天然优势，科研机构和人才资源集聚，有利于将全球前沿的虚拟现实技术以最快速度找到落地场景，使青岛在城市数字化竞争中抢占领先地位。"山东大学青岛虚拟现实研究院负责人屠长河表示。产业载体方面，围绕硬件、内容、科技创新中心、综合配套四个维度，青岛正打造占地1.33平方千米的青岛虚拟现实产业园。到2028年左右，产业规模将达1000亿元。青岛崂山区还拥有全国首个国家级虚拟现实高新技术产业化基地，是促进创新要素集聚、激发产业发展活力的重要依托。

1. 虚拟现实研发中心：青岛崂山区的创新引擎

截至2022年11月，山东省拥有的虚拟现实领域的高端研发机构中，绝大部分位于青岛崂山区，全国约70%的虚拟现实科研力量在此汇聚，包括国家虚拟现实研究领域领军人物赵沁平、张军等两院院士及外籍院士48人、泰山学者及产业领军人才258人，虚拟现实相关从业人员4000余人，拥有北航青岛研究院、山东大学青岛虚拟现实研究院等10余家虚拟现实研究机构。在软件领域，青岛星鲨虚拟现实技术研究院搭建起虚拟现实内容公共研发制作平台，为个人和企业用户提供设计制作、研究开发、集群渲染等内容制作功能服务。

2. 虚拟现实产业链龙头企业的聚集地

青岛拥有歌尔、Pico等虚拟现实产业链龙头企业。其中，歌尔占据全球70%的中高端头显市场份额，出货量全球第一，独家代理了Quest2、SonyPS、OculusRift等虚拟现实终端的研发生产；Pico生产的VR一体机市场占有率位居全球第三、国内第一。在青岛，已集聚虚拟现实相关企业110余家，"硬件—软件—内容—应用"的产业链条体系已然形成。其中，在硬件领域，拥有歌尔声学、小鸟看看等虚拟现实行业龙头企业，其中小鸟看看的VR一体机出货量占中国VR市场份额第一，已成长为国内VR行业头部厂商。在内容制作应用领域，已在文化娱乐、商贸创意、教育培训、工业生产以及医疗健康等领域形成特色优势，聚集了聚好看、海信医疗等一批在领域内具有一定话语权的代表性企业。

天使投资人、资深元宇宙专家郭涛向元宇宙 NEWS 记者表示，青岛发布的元宇宙产业发展政策与其他地方相比来说对元宇宙及相关领域的补贴范围广、补贴力度更大，补贴实施方案更加具体，吸引更多的元宇宙相关企业和人才落户青岛，形成更大规模的产业集聚效应。作为青岛打造的产业链，青岛路径已经清晰，全链条发展，强化专业园区的磁场作用，依托歌尔等龙头企业，加快构建硬件软件内容应用产业链全产业链体系，培育优化产业生态。全场景开放，促进虚拟现实产业与先进制造、智慧城市、医疗等领域深度融合，打造更多典型应用场景，赋能千行百业。

3. 打造全球竞争力的虚拟现实产业研发制造基地

2022 国际虚拟现实创新大会上，青岛正式设立规模 25 亿元的虚拟现实产业引导基金，最大限度引导和带动社会资本，整合汇聚资本资源，聚焦投资青岛市虚拟现实产业园区硬件、软件、内容制作及应用类创业创新项目，以产业链思维整合汇聚各类要素资源，激发产业发展活力，培育产业生态体系，打造具有全球竞争力的虚拟现实产业研发制造基地。支持有影响力的元宇宙企业或机构来市南区设立总部、研发中心、创新平台、孵化基地等，对新签约落地且实现纳统的元宇宙企业，按照正式员工人均办公面积 15 平方米的标准给予连续 5 年 100% 房租奖励补贴，每家企业奖励补贴额度累计不超过 500 万元，奖励期间不得转租。

青岛新近发布的《青岛市虚拟现实产业园发展若干政策》，则是全国首个市、区两级一体化支持虚拟现实产业园发展的专项政策，系统集成园区建设、企业培育、项目招引、技术攻关、平台搭建、体验应用、人才集聚、要素保障、行业交流等"一揽子"支持措施，为企业、项目从落地孵化到培育壮大提供全方位保障，多项举措走在全省乃至全国前列[①]。以"专业园区"托起新兴产业。全要素供给，强化土地、资金、技术等资源集聚和要素供给，精准引进创新团队和顶尖人才，为企业发展提供优质高效服务和一流的营商环境。全方位合作，支持企业与高校科研院所，推动产学研协同创新。

---

① 青岛市人民政府办公厅.青岛市虚拟现实产业园发展若干政策[R/OL].（2022-09-16）[2023-10-03].http://www.qingdao.gov.cn/zwgk/xxgk/bgt/gkml/gwfg/202209/t20220920_6402226.shtml.

第九章 中国城市休闲发展展望

一、发展变化

(一) 2018—2023 年历年休闲城市得分情况

2018—2023 年,中国休闲城市得分情况也在不断发生变化,分数位居前列的城市逐渐集中在东部以及沿海地区,江浙沪及广东、福建等地区在这几年内占据休闲城市高得分榜前列(见图 9-1)。

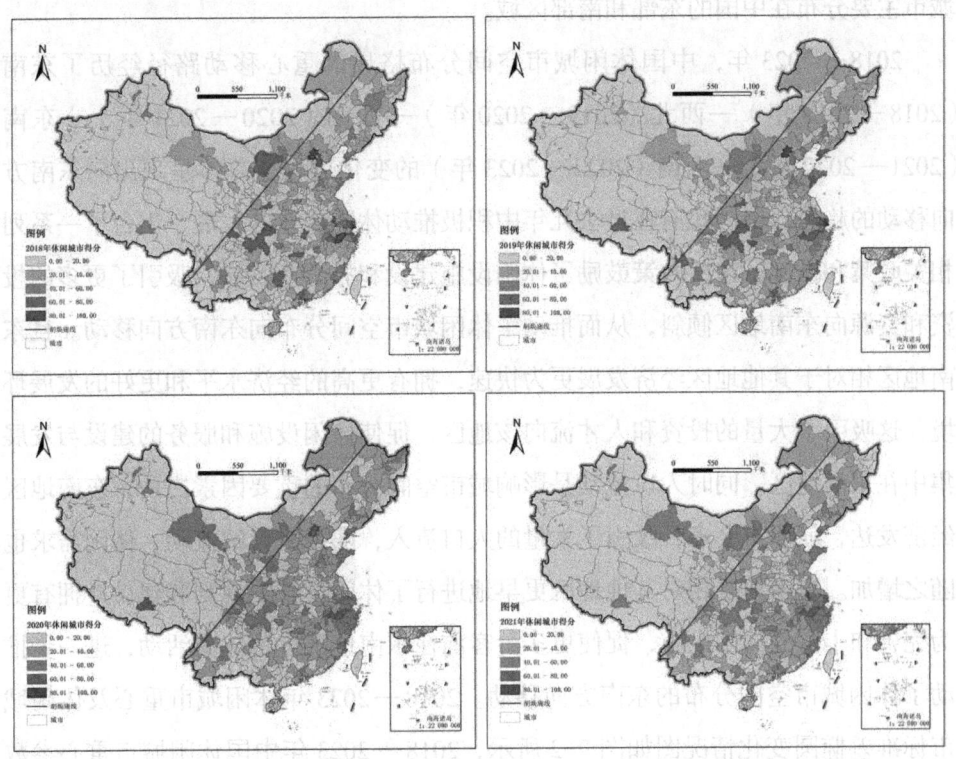

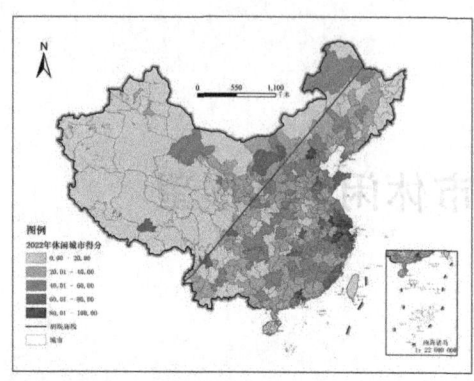
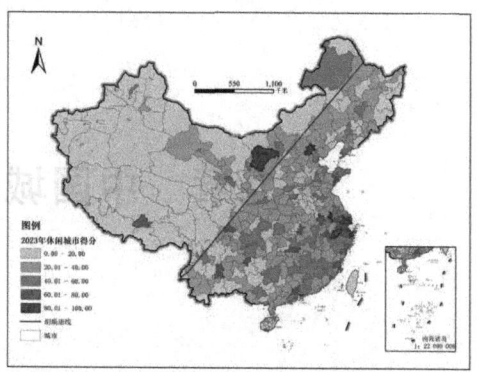

审图号：GS（2020）4630 号　　　　　　　　　　　　　　课题组　监制

图 9-1　2018—2023 年全国休闲城市得分分布图

（二）2018—2023 年中国休闲城市时空格局变化

2018—2023 年，中国休闲城市重心分布在 113.659°~114.138°E、32.043°~32.802°N，并位于中国几何中心（103.50°E，36°N）的东南方向，表明中国休闲城市主要分布在中国的东部和南部区域。

2018—2023 年，中国休闲城市空间分布格局的重心移动路径经历了东南（2018—2019 年）—西北（2019—2020 年）—西南（2020—2021 年）—东南（2021—2022 年）—西南（2022—2023 年）的变化过程，总体呈现出向东南方向移动的趋势。中国政府在过去几年中积极推动休闲产业的发展，出台了一系列相关政策和措施。这些政策鼓励了休闲设施建设和旅游业发展，吸引了更多的投资和资源向东南地区倾斜，从而推动了休闲城市空间分布向东南方向移动。且东南地区相对于其他地区经济发展更为快速，拥有更高的经济水平和更好的发展环境，这吸引了大量的投资和人才流向该地区，促使休闲设施和服务的建设与发展集中在东南地区。同时人口流动是影响城市空间分布的重要因素之一，东南地区经济发达，就业机会多，吸引了大量的人口流入，随着人口的流动，休闲需求也随之增加。东南地区相对其他地区更早地进行了休闲设施的规划和建设，拥有更为完善和丰富的休闲设施，促使更多游客前往东南地区进行休闲活动，进一步推动了休闲城市空间分布的东南方向移动。2018—2023 年休闲城市重心及休闲城市标准差椭圆变化情况图如图 9-2 所示，2018—2023 年中国休闲城市重心参数变化如表 9-1 所示。

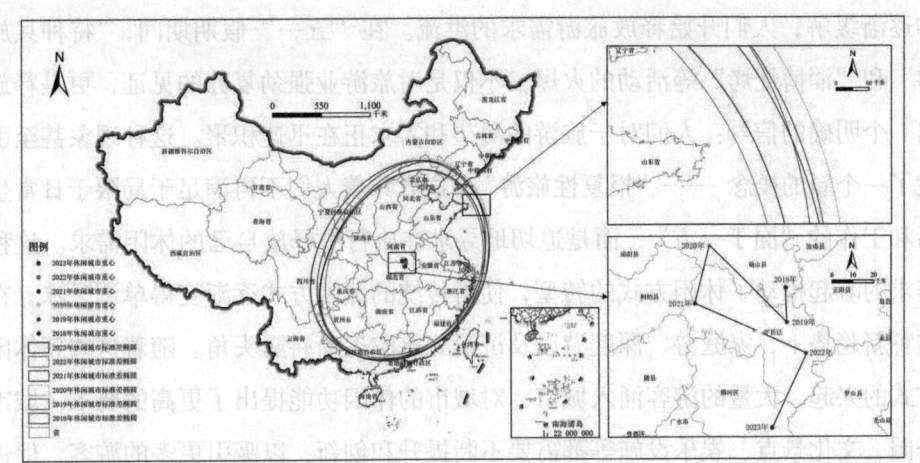

审图号：GS（2020）4630 号　　　　　　　　　　　　　　　　　　　　课题组 监制

图 9-2　2018—2023 年休闲城市重心及休闲城市标准差椭圆变化情况图

表 9-1　2018—2023 年中国休闲城市重心参数变化

年份	重心坐标		重心迁移方向
	经度/°（E）	纬度/°（N）	
2018	114.052	32.627	——
2019	114.057	32.482	东南
2020	113.721	32.802	西北
2021	113.659	32.561	西南
2022	114.138	32.352	东南
2023	113.992	32.043	西南

二、发展趋势

（一）跨"界"休闲成为居民休闲新方向

随着疫情的阴霾逐渐散去，中国的各行各业都展现出令人振奋的复苏势头。然而，其中一个引人瞩目的趋势是，休闲方式正经历着一场深刻的变革，跨"界"休闲已经成为居民休闲的崭新方向。疫情期间，人们不得不暂时放下旅游的计划和渴望，为了公共卫生的安全而牺牲了自己的休闲享受。然而，随着疫情的逐渐缓解，人们开始释放旅游需求的洪流。在"五一"假期期间，"特种兵旅游"和"淄博烧烤"等活动的火爆，不仅是对旅游业强劲复苏的见证，更是释放出一个明确的信号：人们对于旅游的渴望和需求正在迅速积聚。这种现象甚至引发了一个新的概念——"报复性旅游"，这意味着人们不再满足于局限于日常生活和工作的"囿于一方"，而是迫切地寻求在旅行中释放自己的休闲需求。这种需求的崛起推动了休闲方式的转型，使得传统的休闲方式逐渐变得单调乏味。在这种新趋势下，家庭游、深度游以及沉浸式旅游逐渐崭露头角。随着这些新休闲方式的兴起，大量的游客涌入城市，对城市的休闲功能提出了更高的要求。城市公园、文化景点、娱乐设施等都需要不断提升和创新，以吸引更多的游客，促进城市旅游业的发展。城市休闲功能的打造已经不再是简单的需求满足，而是一项具有挑战性的任务。这种跨"界"休闲的兴起，不仅改变了人们的休闲方式，也影响了城市休闲产业的发展方向。它不仅丰富了人们的休闲生活，还为城市经济带来了新的机遇。通过跨界休闲，人们能够拓宽自己的休闲选择，享受更加多样化的旅游体验。这也使得旅游不再仅仅是一项单一的活动，而是一种生活方式，一种寻找快乐和满足的方式。

（二）菜市场旅游提升城市休闲新活力

伴随着城市的不断发展，人们的生活方式和需求也越来越多样化，城市旅游也日益成为人们生活需要的一部分。而越来越多的菜市场也成了备受游客青睐的旅游景点。五一期间淄博八大局和"宇宙中心"曹县等地方的菜市场旅游，更是成为热门的旅游目的地，吸引了众多游客的目光。菜市场之所以成为全新的城市旅行目的地，最初是因为人们对美食和特色小吃的喜爱。但是随着越来越多的人关注菜市场背后的文化底蕴，菜市场也就逐渐变成了小众景点。现在，游客们更加重视的是一座城市的环境和性格，不再满足于走马观花式的游览，而是更注重细节和深度。而菜市场作为一种体现城市文化底蕴的场所，能够满足游客们的需求，成为一个充满活力的城市旅游新选择。菜市场旅游的发展，不仅促进了本地居民的休闲消费，还带动了城市旅游产业的发展、提升了城市休闲活力。很多城市顺应需求，不断改善菜市场的设施、布局和环境，吸引商家参与投资，对菜市场的外形和内部环境进行改变，提升了市场的品质和形象。这种改变和提升不仅是促进城市经济发展的重要方式，也是消费升级的重要体现。在这种消费升级的趋势下，菜市场正逐渐成为一个接地气的活力城市新名片。

（三）城市更新赋能城市休闲新空间

城市更新成为新时代旅游的必然发展阶段，"十四五"规划纲要明确提出了"加快推进城市更新，改造提升老旧小区、老旧厂区、老旧街区和城中村等存量片区功能"的重要战略，这一规划不仅对城市的物质外观进行了改造，更关键的是对休闲产业和文化进行了挖掘与延续。在城市更新的过程中，结合老旧设施和楼宇的更新改造，为城市注入了新的休闲体验元素，推动了休闲产业与城市更新的融合，为城市休闲空间注入新的活力，焕发出更多的精彩。城市更新不是简单地改变城市的外部面貌，它更是一座城市内在精神的升华。正如"十四五"规划纲要所强调的，城市更新的目标之一是改造老旧小区、老旧厂区、老旧街区和城中村等存量片区功能，使其重新焕发生机。以青岛西海岸新区灵山卫街道为例，老旧小区经过更新改造，焕然一新，城市更新让原本破旧不堪的区域变成了一个迷人的"口袋公园"。居民们不再被拥挤的居住环境所困扰，而是可以推开窗户，欣赏到周围的绿意，闻到清新的花香。这不仅提升了居民的生活质量，也为城市注入了新的活力。休闲产业是一个多元化和充满创新的领域，城市更新将这一领域融入其中，为城市居民和游客创造更多的休闲娱乐选择。在城市更新的过程中，老旧设施和楼宇得到二次开发，变成文化创意中心、艺术工作室、创业孵化器等休闲场所。这些场所不仅为市民提供了休闲娱乐的场所，还促进了文化创意产业的发展，为城市经济增长注入新的动力。同时在更新过程中，城市可以更好地保留和传承历史文化遗产，将古老的建筑、街道和传统工艺融入现代城市生活中。这种文化的延续不仅有利于城市的独特性和个性化，也为游客提供了更多的文化体验，为休闲空间注入了更多的文化魅力。

三、提升建议

（一）以构造沉浸式空间与场景力为抓手，驱动城市休闲新模式

2023年8月3日，文化和旅游部公布了"首批24个全国智慧旅游沉浸式体验新空间培育试点名单"，名单共有24个项目入选，涵盖了旅游景区、度假区、休闲街区等类型①。沉浸式业态正在以势不可当的态势占领文旅行业的新赛道，沉浸式夜游、沉浸式展览、沉浸式演绎等应接不暇。沉浸式体验飞速发展并迅速席卷全球，在元宇宙的加持下，沉浸式成为竞争的新前沿，也成为文旅行业的新方向。最初的沉浸式城市发展模式为"辅助性指定范围式沉浸"。而后，沉浸式城市发展模式步入"场景性全覆盖式沉浸"，将历史文化要素应用于场景布置中，以街道街区建筑风格等场地布置为辅助构建沉浸式空间，再到"技术性人景一体化沉浸"，相较于"辅助性指定范围式沉浸"，此阶段的沉浸式场景范围是全部而非特定范围，沉浸区间更广阔，相比"场景性全景覆盖式沉浸"，此阶段强调"人"这一主观能动性在场景中的自洽性，要求场景中出现全部人物符合场景设定。这需要在该场景中进行经营活动的商家不仅要在服化道具上契合场景，更需要在言行举止、神态动作上同沉浸式场景赋予他们的身份相契合。达到这样的标准后，可以使消费者和参观者更好地沉浸其中。通过文化 IP 的挖掘，利用 AR、VR、MR 等科学技术，再加上虚实结合的空间营造，打造成功"出圈"的项目。

沉浸式项目是帮助旅行者感受城市温度、融入城市生活的方式之一。在沉浸式活动中，参与者可以充分调动自己的视、听、触、嗅、味五感，在审美的境界中感悟城市的个性与魅力。为适应市场、消费、时代要求，对于"沉浸式"的认识也经历了螺旋式上升，以构造沉浸式空间与场景力为抓手，契合当今时代的潮流，挖掘城市自身的文化，协同城市的经济建设，驱动城市休闲新模式。

（二）以体验城市文化与生活方式为导向，建构城市休闲新样态

城市的文化形象是人们对一个城市的文化气质的整体认知与印象，城市文化是一个城市极为重要的"无形资产"，是城市的灵魂。武汉既有延续下来的历史文化品牌如"黄鹤楼""知音故里""木兰文化""首义文化"等，又有近年来树立起来的"武汉之夏""汉网""汉马"等新兴文化品牌，正因这些文化品牌的树立，其城市文化影响力、吸引力得到了进一步提升。到江西南昌滕王阁背诵《滕王阁序》争取免费游览机会、到陕西西安大唐不夜城与"李白"对诗、到山西太原晋祠景区品赏古建筑，全国多座城市凭着传统文化底蕴"出圈"，吸引众多游客前往。在旅游业的推动下，一项项中华优秀传统文化"活"起来，成为当地旅

---

① 中国青年报.沉浸式体验：智慧旅游发展的新赛道［EB/OL］.（2023-09-19）［2023-09-25］. https://baijiahao.baidu.com/s?id=1777431659473288635&wfr=spider&for=pc.

游的"加分项"。中国旅游研究院院长戴斌指出:"游客不仅要领略山河壮美,还要领悟文化之美,非遗理当以全新的方式,展示其时代价值,成为更多人得以看见的时尚。"非遗正成为许多地方旅游的新亮点。以不同城市独特的城市文化催生新的"打卡点"塑造向往之城。

2023年夏天,City Walk 成为生活方式的新顶流。City Walk 起源于英国伦敦,是一种城市旅游方式,泛指以行走或骑行的方式走进街头巷尾。不同于"特种兵式旅游",City Walk 没有固定的出行方式,也不需要提前做好出行计划和准备,强调的是不设限制、随心所欲、慢节奏的沉浸式体验,在漫步中感受城市的鲜活生命力。据统计,小红书"City Walk"相关笔记已累计获赞887.92万、微博"City Walk"词条的总阅读量达9000万以上。在 City Walk 火起来的几个月里,Quest Mobile 数据显示,2023年4月,电影演出、旅游出行用户同比增长了212.1%、94.8%[1]。来自马蜂窝旅游的数据显示,2023年6月,马蜂窝站内 City Walk 搜索热度环比上涨121%[2]。为构建城市休闲新样态,需要以体验城市文化与生活方式为导向,树立创新思维,并根据城市实际和文化特色,利用现代创新元素、时尚风格和多元文化的加持,培育更多独具魅力的新亮点,给市民及游客带来差异化、多样化体验。

(三)以城市更新与城市建设结合为依托,强化城市休闲新功能

党的二十大报告明确指出,要"实施城市更新行动"。城市更新是转变城市发展方式、推动城市高质量发展、建设人民城市的关键举措,也是推动城市补短板、强弱项,改善城市社会民生,优化城市公共服务,提升城市人居品质,推动共同富裕的重要抓手[3]。城市发展承载着人民群众对美好生活的向往。通过城市有机更新和片区综合开发,能全面提升城市功能品质,推动高质量发展,创造高品质生活。同时,城市更新是老城区焕发新活力的重要方式,也是城市"老

---

[1] 中工网.城市漫步成为旅游"新宠"你准备好了吗?[EB/OL].(2023-08-30)[2023-11-02].https://baijiahao.baidu.com/s?id=1775610935412028805&wfr=spider&for=pc.

[2] 河北新闻网."城市漫步"走红背后的文旅新机遇[EB/OL].(2023-09-07)[2023-11-02].https://baijiahao.baidu.com/s?id=1776330559821435704&wfr=spider&for=pc.

[3] 中国经济时报.着力推动城市更新 加快建设人民城市[EB/OL].(2023-06-29)[2023-11-05].https://baijiahao.baidu.com/s?id=1769963323492885610&wfr=spider&for=pc.

灵魂"释放"新活力"的重要路径①。党的二十大报告提出,实施城市更新行动,加强城市基础设施建设,打造宜居、韧性、智慧城市。可以说,在城市更新过程中,保护和利用文化和旅游资源在提升城市更新质量、促进城市有效更新方面发挥着越来越重要的作用。各地在持续推进城市更新和城市建设过程中,应推进休闲产业要素有机植入城市更新和建设体系,如将废弃工厂改造为艺术街区、古村落改造成旅游区、丰富文旅场所体验场景等。散客化时代的到来,推动着游客将步伐迈向城市的各个空间,这也意味着城市将在休闲产业中扮演更多的角色、承载更多的需求,迫使城市在休闲功能的物理环境和人文环境上做出提升与改变。除了对城市的建设和更新,对城市人文环境的建设和打造也尤为重要。各地应该关注人们的体会和感受,切实改善城市环境,让城市更加温馨和谐。

---

① 中工网. 让文旅新业态赋能城市更新 [EB/OL]. (2023-07-13)[2023-11-05]. https://baijiahao.baidu.com/s?id=1771294439556859763&wfr=spider&for=pc.